Heino Huber

Feuer und Flamme

Grillen und mehr

lesethek

Bibliografische Information Der Deutschen Bibliothek
Die Deutsche Bibliothek verzeichnet diese Publikation in der Deutschen Nationalbibliografie; detaillierte bibliografische Daten sind im Internet über http://dnb.ddb.de abrufbar.

Printed in Austria

http://www.lesethek.at
http://www.braumueller.at

ISBN 978-3-99100-003-7
Fotos: Kurt-Michael Westermann
Cover, Satz und Layout: reiter ad work
Druck: Ferdinand Berger & Söhne Ges.m.b.H., A-3580 Horn

Heino Huber

Feuer und Flamme

Grillen und mehr

Mit Fotografien von Kurt-Michael Westermann
und Beiträgen von Walter Tucek

lesethek

INHALT

INHALTSVERZEICHNIS 2

GRILLEN FÜR GOURMETS 8

DAS BIER ZUM GRILLEN 16

GRILLEN PUR ODER „BARBECUEING“ 18

GEWÜRZE UND KRÄUTER 24

GEMÜSE UND BEILAGEN 30

GEGRILLTE ARTISCHOCKEN 32

GEGRILLTE PAPRIKA 36

GEGRILLTE AUBERGINEN 36

AUBERGINEN-LAUCHZWIEBELGEMÜSE 37

BRUSCHETTE 38

TOMATEN-BASILIKUM-MARMELADE 38

BLAUSCHIMMELKÄSE, FEIGEN UND MANDELN 38

CHORIZO-RAGOUT 40

SARDELLEN, SCHWARZE OLIVEN UND SALBEI 40

GEFÜLLTE ZUCCHINIBLÜTEN 42

GEGRILLTE MAISKOLBEN 44

GEGRILLTER FENCHEL 44

GEGRILLTE STEINPILZE 45

GEWÜRZTABOULEH 46

KARTOFFEL „TRICOLORE“ 47

ZUCCHINISCHEIBEN GEGRILLT MIT BLAUSCHIMMELKÄSE 48

GEFLÜGELLEBERPARFAIT 48

BIO-CAMEMBERT IM PARMASCHINKEN GEGRILLT MIT GRAPPATRAUBEN 49
ZUCCHINI-TÄSCHCHEN 50
ZWIEBEL- UND LILIENGEWÄCHSE GEGRILLT 52

FISCH 54
DAS WICHTIGSTE ÜBER FISCH 56
AUFTAUEN WIE DIE PROFIS 57
FISCHE FÜR DEN GRILL VORBEREITEN 57
DAS FILETIEREN VON FISCHEN 58
DAS ZISELIEREN VON FISCHFILETS 58
DAS GRILLEN VON GANZEN FISCHEN 60
SILL-SNAPPER MIT ZITRONE UND HIBISKUS-SALZ 62
BRANZINO MIT LIMETTE UND CHILI 64
ZANDER MIT FENCHEL UND PERNOD 66
GEFÜLLTER STEINBUTT IN DER FOLIE GEGRILLT 68
DAS GRILLEN VON FISCH-FILETS, TRANCHEN UND STEAKS 70
LACHSKOTELETTE MIT MANGO UND PAPAYA 72
SEETEUFEL-MEDAILLONS IM SPECKMANTEL MIT ZITRONENGRAS 74
SPIEß VOM DRACHENKOPF UND KABELJAU MIT TAMARILLOS UND PAPAYA 76
ST. PIERRE MIT OLIVEN-TAPENADE 78
THUNFISCH-STEAKS MIT SESAM 80
SEETEUFEL AUF ZEDERNHOLZ MIT ROSA-PFEFFER-THYMIAN-BUTTER 82

MEERESFRÜCHTE 84
DAS WICHTIGSTE ÜBER MEERESFRÜCHTE 86
GEGRILLTE AUSTERN 88
MIT SCHWARZWURST GEFÜLLTE MINI-TINTENFISCHE 90
CALAMARI-STEAKS MIT OLIVEN-TOMATEN-BRUSCHETTE 92

INHALT

HUMMER MIT SCHALOTTEN-CURRY-BUTTER 94
KAISERGRANAT MIT KRÄUTERN UND ZITRONE 96
MIESMUSCHELN IN DER FOLIE GEGART 98
ROCKLOBSTER „TANDOORI“ 100
CREVETTEN-SPIESS 102
TIGER-PRAWNS „CAJUN“ 104

GEFLÜGEL 106
ENTENBRUST 108
FASAN IM SPECKMANTEL MIT ROSMARIN 110
HÄHNCHENKEULEN MIT MANGO-SENF-GLASUR 112
PERLHUHN IM GANZEN MIT GRÜNEM CHILI 114
STUBENKÜCKEN „TERIYAKI” 116
GEFÜLLTES STUBENKÜCKENKOTELETTE MIT FRISCHEN MORCHELN 118
WACHTEL MIT FIVE-SPICE UND CRANBERRY-MARINADE 120
GEFÜLLTE WACHTEL 122

FLEISCH UND WÜRSTE 124
EIN GROSSES T MIT VIEL GESCHMACK 126
WAS SIE SCHON IMMER ÜBER STEAKS WISSEN WOLLTEN 136
HIRSCHSTEAKS IN HONIG-SOJA-SAUCE 138
BEIRIED-SCHNITTE IN PFEFFER-KRUSTE 140
KANINCHEN-KOTELETTES MIT DÖRRPFLAUMEN UND LORBEER 142
GEGRILLTE RINDSFILET-SCHEIBEN 144
KANINCHENRÜCKEN MIT AUBERGINEN-LAUCHZWIEBELGEMÜSE GEFÜLLT 146
LAMM-BUTTERFLYS 148

LAMM-HACKSPIESSE MIT LIMONEN-TAHINE 150
REHKEULE MIT WACHOLDER-ROSMARIN-ÖL UND ALEXANDER-BIRNEN 152
SCHWEINSKOTELETTES IN ANANAS-MALZBIER-MARINADE 154
SCHWEINELEBER MIT MAJORAN UND ROSMARIN IM NETZ 156
DAS GRILLEN VON WÜRSTEN 158

BUTTERMISCHUNGEN 160
CHILI-KNOBLAUCH-BUTTER 162
CURRY-ZITRUS-BUTTER 162
ROTE-RÜBEN-WASABI-BUTTER 163
ROSA-PFEFFER-THYMIAN-BUTTER 163

SAUCEN, DIPPS, CHUTNEYS 164
KICHERERBSENDIPP 166
GURKEN-RELISH 166
WÜRZIGER ERDNUSS-DIPP 167
JOGHURT-MINZE-KREUZKÜMMEL 167
MARILLEN-CHUTNEY 168
GUACAMOLE KLASSISCH 168
SÜß-SAURE CHILISAUCE 169

KLASSIKER AUS ALLER WELT 170
ERDNUSS-KOKOSSAUCE 170
HOISIN-SAUCE 171
LIMONEN-TAHINE 171
ROUILLE 172

INHALT

WHISKY-BARBECUESAUCE 172

SAUCEN AUF MAYONNAISEBASIS 174

GRUNDMAYONNAISE 174

COCKTAILSAUCE 174

TRÜFFEL-REMOULADE 175

CURRY-MANGO-BASILIKUMSAUCE 176

SAUCE TATARE 177

SAFRAN-AIOLI 177

MARINADEN 179

HONIG-SOJA-MARINADE 180

TANDOORI-PASTE 180

ANANAS-MALZBIER-MARINADE 181

MANGO-SENF-GLASUR 181

CRANBERRY-MARINADE 181

AROMATISIERTE- UND GEWÜRZ-ÖLE 182

CHILI-MINZ-INGWERÖL 183

VANILLE-ÖL 183

ZITRUS-ÖL 183

WACHOLDER-ROSMARIN-ÖL 183

SALATE 184

BLATTSALATE MIT BLAUSCHIMMELKÄSE, FEIGEN UND PICADA 186

KARTOFFELSALAT 187

ROTE RÜBEN MIT THYMIAN UND KREN 187
COUSCOUS-SALAT MIT AUBERGINEN UND MINZE 188
WÜRZIGER GLASNUDELSALAT 189
FENCHEL-ORANGENSALAT 190
ROMANESCO-KERBELWURZELSALAT IN SAFRAN 192
SELLERIE-ANANAS MIT WALNÜSSEN 192
ASIA-SALAT „YAM SON“ 193

DRESSINGS 194
AFRICA-DRESSING 196
ASIA-DRESSING 196
KARIBIK-DRESSING 197
MEDITERRANES DRESSING (GRUND-VINAIGRETTE) 197

OBST, DESSERTS 198
PAPAYA MIT KOKOS, KUMQUATSSALAT UND TONKA-BOHNEN CRÈME BRULÉE 200
BRATAPFEL MIT MACADAMIANÜSSEN UND ZIMTSAHNE 202
OUTDOOR-BANANEN 204
ANANAS-VANILLESPIESS MIT ORANGEN-AMARETTOSAUCE 205

GRILLEN FÜR GOURMETS?!

VON WALTER TUCEK

„Die Entdeckung eines neuen Grillrezepts macht die Menschheit glücklicher als die Entdeckung eines neuen Sterns.!“

Heino Huber
nach Jean Anthèlme Brillat-Savarin

„Koch wird man. Rotisseur ist man.“
Jean Anthèlme Brillat-Savarin

Grillen? Das ist doch wirklich ziemlich simpel: Drauflegen, umdrehen, runternehmen. Vielleicht noch einmal wenden. Fertig. Weil so einfach und archaisch, halten sich annähernd 100 % aller Männer für wahre Grill-Experten. Und das soll ein Thema für einen großen Koch sein, wie „Der kleine Huber“ einer ist? Sein neues Buch „Feuer und Flamme“ ist der Beweis: Es ist geradezu ein „Leibthema“ von Heino Huber.

Als Sohn eines Gourmet-Pioniers schien er fast genetisch dazu bestimmt zu sein, kulinarische Kreativität zu entwickeln. Prägende Stationen auf seinem Weg zu zahllosen Auszeichnungen wie Koch des Jahres 1998, der Goldene Stern (Genießer Atlas), ein Stern im Guide Michelin und die Verleihung der „Gourmet Trophy à la carte“ waren sicher seine Auslandsaufenthalte: in Harry´s Bar, Venedig, im Taillevent und bei Faugeron in Paris oder bei Eckart Witzigmann in München, und natürlich zu Hause bei Vater Ernst Huber.
Bei aller Verfeinerung blieb der Reiz des „heißen Eisens“ für ihn immer unverändert.

DEURING SCHLÖSSLE

GRILLEN STECKT IN UNS ALLEN

Grillen steckt in uns allen: In den frühesten Tagen der Menschheit – vom Homo sapiens war da noch keine Rede – veränderte nämlich eine kleine Revolution die Evolution. Als einige Primaten lernten, rohes Fleisch mit Feuer zuzubereiten, leiteten sie damit die eigentliche Menschwerdung ein. Durch die bessere Nutzbarmachung von Proteinen in nunmehr gegrilltem oder geröstetem Fleisch wurde die Entstehung unserer außergewöhnlich großen Gehirne überhaupt erst möglich.
Diese archaische Form der Speisenbereitung weckt noch heute selbst im Bürohengst den Troglodyten. Schade ist heute höchstens, dass bei uns meist nur in der warmen Jahreszeit gegrillt wird. Aber das lässt sich ändern: Grillen kann man auch innen, natürlich auch auf dem Herd. Entgegen landläufiger Meinung entsteht der Grillgeschmack nicht – oder nicht nur – durch Holz oder Kohle, sondern durch die Temperatur und den Kontakt mit dem heißen Metall.

VOM WEIN ZUM GRILLEN

Vor einiger Zeit waren wir in Siena zu Besuch. Nach einem Aperitif am Campo wollten wir eine Bistecca Fiorentina in einem dafür berühmten Ristorante verspeisen, im Da Guido. Selten hatten wir beide eine solche simple wie subtile Harmonie erlebt. Als Vorspeise bestellten wir einen einfachen Salat aus Blattspinat, gehobelten rohen Artischocken und etwas Parmesan. Danach kam die Bistecca mit zarten 1500 Gramm im Ganzen auf den Tisch, und wir bestellten dazu eine gut gereifte Flasche Chianti Classico. Wow. Wir verputzten den imposanten „Fleischziegel" und verspürten danach nicht einmal die Spur von Völlegefühl.

Ein Schlüsselerlebnis, zu dem sich in Sizilien ein zweites gesellte, welche uns auf die Idee brachten, einmal die optimale Kombination von Grillen und Wein zum Thema eines Kochbuchs zu machen. Francesco Planeta vom gleichnamigen Weingut hatte uns in Vittorios Ristorante einquartiert, und auch in der Vorsaison wurde bei ihm heftig gegrillt. Für uns bereitete er zuerst Artischocken in der Glut zu, die dadurch unvergleichliche Anis-Aromen entwickelten, danach ein Hendl, praktischerweise mit dem Hammer in eine grillfreundliche flache Form gebracht. Sodann gab es noch Würste und zum Abschluss einen Steinbutt im Ganzen. Jeweils in Kombination mit einem anderen Wein glänzte jeder Gang mit perfekter Harmonie. Ein unvergessliches Abendessen – alles vom Grill.
Ein Grillbuch muss her, fanden wir.

Im Land des Chianti-Weins und des Chianina-Rinds sind viele Trattorien und Osterien mit einem Standard-Equipment ausgerüstet: Das offene Feuer gehört hier eigentlich selbstverständlich dazu – mag es auch heutigen EU-Hygienestandards widersprechen. Ob das an der sensationellen Fleischqualität liegt, die hier vielerorts zu haben ist? Wir machten uns auf die Suche. Unser erster Besuch galt Dario Checchini, Fleischermeister aus Panzano mit dem Showtalent eines Popstars und der Sanftmut eines Lamms. Das mag nun manchen etwas befremdlich erscheinen, ist es aber nicht.

ANTICA MACELLERIA

OFFICINA
BISTECCA

Denn Dario ist nicht nur ein Meister seines Fachs mit einer Familientradition von über 250 Jahren, sondern auch ein „Aktivist" des Fleisches. Schon die Gedenktafeln vor seiner von außen eher unscheinbaren Macelleria, welche den „Tod" der echten Bistecca im Jahr 2001 bedauerte und deren Auferstehung im Jahr 2006 feierte, zeigt sein „Commitment to meat". Erstaunlicherweise bezieht er seine Rinderhälften aus Spanien – sehr ungewöhnlich in einem so „regionalpatriotischen" Land wie Italien, gleichzeitig aber doch sympathisch und weltoffen. Bei ihm trinkt man den Hauswein, einen einfachen Chianti aus dem Fiasco, was durchaus kein Fiasko ist. Mehr Spaß hat der Grillgenießer allerdings schon, wenn er auf einen gut gereiften Wein eines renommierten Erzeugers zurückgreift – den kann man mitbringen.

Ein Land der Griller ist auch Kroatien: Besonders im Binnenland gehört der Langspieß neben fast jeder Gostionica einfach dazu. Ganze Ferkel und Lämmer werden hier das ganze Jahr über in einem separaten Grillhäuschen im Freien gegrillt und laden schon um die Mittagszeit zum Verweilen ein. Und so eine schöne Flasche Plavac oder Babic kann zum gegrillten Fleisch auch ganz schön überzeugend sein. An der Küste ist Grillen sowieso die Nummer 1: Fisch und Meeresfrüchte werden hier fast ausschließlich so zubereitet. Dazu trinkt man die Weine der jeweiligen Region, und ist in dieser damit meist ganz froh. Allerdings würde der Kenner in Österreich mit Sicherheit lieber einen schönen Riesling oder Veltliner dazu genießen. Natürlich sind auch die romanischen und lateinamerikanischen Länder jeweils eigene „Grill-Heimatländer", allen voran Argentinien, wo das Asado mit dem vom Gaucho weich gerittenen Steak und der Malbec in Strömen einfach dazu gehören. Und dass in den USA das „Sunday afternoon barbeque" in ganz Suburbia zelebriert wird, ist ebenfalls bekannt, genauso wie, dass man dann gerne Cabernet und Zinfandel trinkt, nicht nur Bud. Denkt man an unsere bayerischen Nachbarn, fallen einem sofort Hendl, Haxen und Ochsen auf der Wies'n ein. Dort trinkt man ja bekanntlich Bier: Auch dieses Getränk soll hier nicht zu kurz kommen.

Für gegrilltes Fleisch gilt jedoch so gut wie immer: Gut gereifte Weine mit feiner Kirschfrucht wie Sangiovese, aber auch heimische Sorten mit gut gereiftem Rindfleisch vom Grill sind kaum zu toppen. Für echte Grillfans ist immer Grillsaison. Denn als Zubereitungsart ist Grillen einfach eine Klasse für sich und wird durch die optimale Kombination mit Wein erst so richtig perfekt. Aber was ist ein perfekter Grillwein? Rebsorten und Weinstile lassen erste Schlüsse über geschmackliche Harmonien zu. Ebenso wenig, wie man behaupten kann, dass ein bestimmter Wein ein „Spargelwein" ist, kann man einen anderen zum „Grillwein" an sich erklären: Denn es kommt natürlich vor allem auf die Aromen von Grundprodukten, Rezeptur und Beilagen an. Die richtige Kombination sorgt auf jeden Fall für geschmackliche Höhepunkte des Grillens.
Wir haben zu vielen Gerichten eine Weinempfehlung „maßgeschneidert".

Auf ihr Wohl!

Walter Tucek

Chefredakteur ÖGZ Weinguides

VULIN
TORRES

Vom richtigen Zapfen

Noch bevor es ans Zapfen geht, wird das saubere Bierglas mit kaltem Wasser ausgespült. Dadurch wird die Glaswand gekühlt – es entweicht weniger Kohlensäure und das Bier hält länger die optimale Trinktemperatur.

5 Regeln:

1. Spülen Sie das saubere Glas mit kaltem Wasser.
2. Halten Sie das Bierglas beim Einschenken grundsätzlich leicht schräg.
3. Schenken Sie das Glas zuerst 1/3-voll und lassen Sie das Bier absetzen, bis der Schaum eine kompakte Form angenommen hat.
4. Schenken Sie danach das Glas voll und warten Sie, bis der zweite Schaumring kompakt ist.
5. Setzen Sie zum Schluss den dritten Schaumring auf. Dieser führt erst zur richtigen „Haube". Der gesamte Einschenkvorgang kann bis zu drei Minuten dauern.

Bier ist nicht gleich Bier

Weizen

ist durch seine feine Hopfung und seinen spritzig-erfrischenden Geschmack ideal für kalte Vorspeisen, Salate oder verschiedene Käsesorten. Kenner schwören auf ein Weizen zum gegrillten Fisch. Aber auch bei manchen Nachspeisen kann Weizenbier die erste Wahl sein.

Lager oder Märzen

genuss- und stilvoll zu kalten Hauptgerichten mit Schinken und Würsten, aber auch zu "biertypischen" Speisen wie Gulasch sowie zu den meisten Grillspeisen die passende Begleitung.

Mit seiner Hopfennote und dem markant bitteren Geschmack, der sich vom An- bis zum Nachtrank durchzieht, passt **Pils** sowohl zu Fisch als auch zu würzigen Käsesorten und Gemüsegerichten.

Kräftig gewürzte Speisen oder dunkle Saucen kommen mit dem vollmundig-würzigen **dunklem Spezialbier** am besten zur Geltung. Auch für Marinaden kann es einfach unschlagbar sein.

Eigentlich ganz einfach ...

Wasser

Naturreines, unbehandeltes Wasser zum Brauen ist eine Grundvoraussetzung für gutes Bier.

Hopfen

ist die Würze des Biers und schenkt ihm seine herbe Frische.

Malz

ist die Seele des Biers. Es wird aus gekeimter Braugerste hergestellt und gibt dem Bier seine süffige Vollmundigkeit.

Stammwürze

nennt man den Anteil an Malz- und Hopfenextrakt (Zucker, Eiweiß, Gerb-, Mineral-, Hopfenbitterstoffe), der vor der alkoholischen Gärung in der Würze enthalten ist.

Hefe

vergärt den Malzzucker zu Alkohol und Kohlensäure. Charaktervolle Brauereien verwenden eigene Brauhefen in Reinkultur.

Kohlensäure

entsteht bei der Gärung und macht Bier zum spritzigen Genuss. Beim Einschenken steigt sie in feinen Perlen auf und unterstützt die Schaumbildung.

GRILLEN PUR ODER „BARBECUEING“?

Grillen ist mit Sicherheit die älteste aller Garmethoden. Mich faszinierte das Grillen schon als kleiner Bub, also bevor mir auch nur im Entferntesten klar war, dass Kochen in meinem Leben einmal eine so bedeutende Rolle spielen wird. Aus einem ganz einfachen Grund wie mir heute klar ist. Das Feuer übte diese ganz spezielle Faszination auf mich aus – die es bis heute nicht verloren hat. Ein Feuer zu entfachen, es zu pflegen und in Gang zu halten, seine Wärme und Kraft zu spüren, ist eine Faszination, die mich immer gefangen nehmen wird. Damit ist auch klar, dass für mich Grillen auf offenem Feuer immer die Priorität haben wird. Wie vieles im Leben ist auch das Grillen vom Menschen so weit perfektioniert worden, dass es mit dem archaischen Ursprung nicht mehr viel gemein hat. Sicherlich bietet ein Gas-Grill mit modernster Technik ungleich mehr Möglichkeiten als ein offenes Feuer, dennoch erinnern, wie ich finde, diese technischen Varianten oft an das Kochen, Braten und Backen in einer herkömmlichen Küche.

Folglich handelt dieses Buch in erster Linie vom Grillen und nicht von „Barbecueing". Der Unterschied ist denkbar einfach, aber in den Auswirkungen beträchtlich. Grillen im ureigentlichen Sinn meint das Garen auf einem Rost über mehr oder weniger intensiver Glut. Dabei spielen sowohl die Intensität der Glut als auch der Abstand des Rostes zu derselben die Hauptrollen. Für ein perfektes Grill-Ergebnis ist es daher notwendig, dass ich die Hitze regulieren kann. Dafür gibt es zwei effiziente Möglichkeiten. Ein Zwei-Zonen-Feuer, was nichts anderes bedeutet, als dass man zwei Bereiche schafft: einen mit intensiver Glut (direkt) und einen mit weniger oder noch besser mit gar keiner Glut (indirekt) unter dem Rost. Diese Unterscheidung ist sowohl für das pure Grillen als auch für das „Barbecueing" gleichermaßen bedeutsam.

Die zweite Möglichkeit ist ein höhenverstellbarer Rost, wie man ihn vor allem in vielen Grill-Restaurants, z. B. in der Toskana, sieht. Die Kombination beider Varianten bietet noch mehr Spielraum.
Meine persönliche Erfahrung ist, dass pures Grillen, wenn es perfekt beherrscht wird, dem „Barbecueing" in vielerlei Hinsicht überlegen ist und meinen Vorstellungen von Gegrilltem besser entspricht. Unter „Barbecueing" verstehen eingefleischte Grillfans das Niedertemperaturgaren mit geschlossenem Deckel.

Die unbestritten Vorteile sind:

- Große Stücke werden gleichmäßiger gegart, wodurch häufiges Wenden und Bewegen erspart bleibt.
- Durch die geschlossene Haube entsteht eine gleichmäßige Hitze, aber auch ein heißes Rauchgas-Gemisch, das sowohl zu einer veränderten Garung als auch zu rauchigeren Aromen führt. Dies kann durchaus erwünscht sein. Aber Vorsicht! Zu intensiver Rauchgeschmack überlagert oft den Eigengeschmack des Grundproduktes.
- „Barbecueing" ist weitaus weniger betreuungsintensiv und in Kombination mit einem Funk-Temperatursensor kann man sich sogar für längere Zeit ganz vom Grill entfernen und sich anderen Dingen zuwenden.

Die Rezepte in diesem Buch können fast ausnahmslos auf einem Grill ohne Deckel zubereitet werden. Dennoch eignen sich die meisten davon auch für die Methode mit geschlossenem Deckel – beachten Sie dazu die speziellen Hinweise. Ich persönlich grille auch größere Stücke gerne ohne Deckel. Mehrmaliges Wenden und Umplatzieren führt zu einem perfekten Ergebnis, ohne zu starkes Raucharoma und auch die Fleisch/Fisch-Konsistenz bleibt kerniger und authentischer.

Grillen mit Holz:

Natur pur. Holz und Feuer sind auf symbiotische Art und Weise miteinander verknüpft: Schon beim Vorbereiten eines Feuers empfinde ich pures Vergnügen, da ich bereits an das Resultat denken muss – eine Glut, über der es sich lohnt, ausgezeichnete Grundprodukte in herrliche Grillgerichte zu verwandeln. Die Glut eines Holzfeuers ist von der Art des Holzes abhängig; nur das richtige Holz kann optimales Aroma und eine bestmögliche Hitze-Abstrahlung garantieren. Das Holz sollte trocken und auf jeden Fall Hartholz sein. In mediterranen Ländern wird zum Grillen gerne Reb- und Olivenholz verwendet. Es wächst besonders langsam, brennt deshalb lange und gleichmäßig, was zu einer perfekten Glut führt. Das Mitverbrennen von frischem Rosmarin und Thymian erhöht das Aroma des Feuers. Idealerweise wird in gemauerten Grills mit offenem Feuer gearbeitet. Diese haben sogar einen eigenen Abbrennplatz für das Holz, von dem bei Bedarf immer wieder frische Glut entnommen werden kann. So hält man eine Glut aus Holz über Stunden konstant. Dies ist auch im Freien möglich: Dazu brauchen Sie allerdings eine kleine Metallschaufel und ein separates Feuer, von dem Sie immer wieder Glut entnehmen können.

Grillen mit Holzkohle:

Die Entdeckung der Holzkohle dürfte wie so vieles ein Zufall gewesen sein; heute wird sie gezielt in Köhler-Öfen hergestellt. Die verwendeten Hölzer wie Mesquite, Hickory, Eiche, Buche und Ahorn werden dabei unter weitestgehendem Luftabschluss glimmend in Holzkohle (fast reines Karbon) verwandelt.

Ich entzünde mein kleines Feuerchen am liebsten mit Holzstücken, Papier und Karton. Wenn diese zu glühen beginnen, schichte ich die Holzkohle darüber. Holzkohlenfeuer ergeben eine intensive, lang anhaltende Glut, die überzogen mit einer weißen Ascheschicht ideal zum Grillen ist. Aber starten Sie mit dem Grillen ja nicht zu früh, da Sie sich sonst mit zu intensiver Hitze abmühen müssen, große Stücke überhaupt gar zu bekommen. Also nur Geduld. Bei längerem Grillen ist es wichtig, wenn die Glut nachzulassen beginnt, einfach etwas Holzkohle nachzulegen. Diese glimmt schon nach wenigen Minuten und dem weiteren Grillvergnügen steht nichts mehr im Wege. Ein Tipp: Verwenden Sie zum Nachlegen eher kleinere Stücke der Holzkohle, da diese leichter Feuer fangen und die Temperatur rascher ansteigt.

Grillen mit Holzkohle-Briketts:

Dabei handelt es sich um nichts anderes als gepresste, mit natürlicher Stärke gebundene Holzkohle in Kissenform. Achten Sie beim Kauf auf die Bezeichnungen „natürlich" und „aus Hartholz". Briketts brennen fast genauso schnell ab wie Holzkohle, die Vorteile sind die Gleichmäßigkeit und die damit verbundene, höhere Genauigkeit beim Grillen selbst. Es gibt für Briketts eigens hergestellte „Anzündkamine", die das Anheizen sehr erleichtern. Die glühenden Briketts können dann exakt an die dafür vorgesehenen Stellen im Grill geschüttet werden. So lassen sich mühelos Zwei- bzw. Mehrzonenfeuer vorbereiten.

Grillen mit Gas:

Der Gasgrill ist von der Bedienung her denkbar einfach, nach kurzer Vorheizzeit können Sie auch schon mit dem Grillen beginnen. Das geliebte Grill-Aroma entsteht hauptsächlich durch Hitze und verdampfende Flüssigkeit und Fett, daher sind die offenen Flammen des Gasgrills immer durch entsprechende Stahlbleche abgedeckt.

DIE WAHL DES RICHTIGEN GRILLS

Im Grunde genommen reichen ein Metall-Rost und mehrere Steine aus, um einen funktionierenden Grill zu haben. Von dieser archaischen Variante bis hin zu einer Gas-Hightech-Outdoor-Küche (die ungefähr so notwendig ist, wie das Wortgebilde, dass sie beschreibt) ist alles am Markt erhältlich. Die wichtigsten Faktoren für mich sind:

Material: Ein guter Grill ist eine Investition, die ein Leben lang hält, also im Zweifelsfall immer zu höherer Qualität greifen.

Größe: Je größer, desto besser! Für den Aufbau eines Zwei- bzw. Mehrzonenfeuers ist schon eine gewisse Größe notwendig: Breite mindestens 50 cm, Tiefe mindestens 35 cm.

Haube: Bei Neuanschaffungen immer zu einem Gerät mit Haube greifen, da sich dadurch einfach mehr Möglichkeiten ergeben. Allerdings kann man auch ohne Haube die köstlichsten Gerichte umsetzen.

Wichtiges Zubehör:

Grillzange: lange stabile Federzange. Achten Sie auf lange Griffe, eine stabile Ausführung – sie sollte sich auch bei schweren Produkten nicht verbiegen – und einen soliden Federmechanismus.

Bratwender: Aus meiner Sicht haben sich am besten große Wender mit dem Aussehen einer Maurerkelle bewährt, womit sich auch große Stücke und ganze Fische mühelos wenden lassen.

Drahtbürsten und Schwämme: Mit diesen lässt sich der Grill nach getaner Arbeit leicht und effizient reinigen. Der Rost sollte immer nur mit Drahtbürsten und Schwämmen (mechanisch und nicht chemisch) gereinigt werden. Denn Putzmittel entfernen auch die Schutzschicht auf den Stäben des Rostes, die bei regelmäßiger Verwendung und sorgfältiger Reinigung ein Ankleben verhindert. Am besten ist es die vorgereinigten Grillstäbe mit einem leicht öligen Tuch abzureiben.

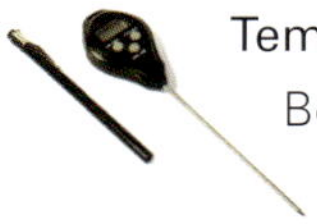

Temperaturfühler: Diese sind bei der Bestimmung der richtigen Garzeit sehr hilfreich. Hier gibt es die unterschiedlichsten Geräte, vom einfachen Temperaturfühler bis zum vorprogrammierbaren Sensor mit Funk, der auch aus der Ferne eine Kontrolle zulässt. Thermometer-Nadel immer in die dickste Stelle des Fleischstückes einstechen.

Hier einige Richtwerte:

Steaks:

rare/blutig	49–52°
medium rare/rosa bis blutig	52–57°
medium/halb durch	57–63°
medium well/fast durch	63–67°
well done/durchgebraten	ab 67°

Schweinerücken und Filet:

Meiner Meinung nach sollten Schweinesteaks und Filetstücke nicht restlos durch, aber auch nicht zu roh sein. Eine Kerntemperatur um die 65° ist genau richtig.

Lammrücken oder Hüftchen:

Siehe Steaks!

Geflügel:

Die Kerntemperatur von ganzem Geflügel sollte rund um die 75° liegen. Einzig beim Fasan im Speckmantel bleibe ich unter 70°, da Fasan gerne trocken wird.

Fischsteaks:

Perfekt glasig bei ca. 50–55°.

Zu beachten: Beim Ruhen des Fleisches kann die Kerntemperatur zwischen 3–5° ansteigen.

Werkzeug-Aufhängung: Wenn an Ihrem Grill keine Möglichkeit besteht, Werkzeug in greifbarer Nähe zu platzieren, helfen separat zu montierende Aufhängungen.

Pinsel: Dieser muss hitzebeständig sein, da er auch während des Grillens zum Bepinseln mit Marinaden verwendet wird.

Holzbrett und Tranchierbesteck: Ein schönes Holzbrett – vorzugsweise aus Lorbeer-Kampferholz, da es generell antimikrobiell ist, Tranchiergabel und -Messer (scharf geschliffen) gehören ebenfalls zur Standard-Ausstattung. Ich spüre immer wieder diese freudige Aufregung, wenn ich ein perfekt gegrilltes Stück Fleisch zu tranchieren beginne. Das ist der Moment der Wahrheit und wenn dann die Scheiben des zartrosa, saftigen Fleisches Stück für Stück auf die Teller wandern, ist das die Belohnung für all die Mühen.

GEWÜRZE UND KRÄUTER

Vom richtigen Salzen und Pfeffern:

Salz und Pfeffer kommen in den meisten Rezepten vor. Die verwendeten Mengen variieren stark und es hängt im Wesentlichen vom eigenen Geschmack ab, wie viel Salz und Pfeffer tatsächlich verwendet wird. Man liest und hört oft vom Mut zum Würzen und wird dadurch bestärkt, eher höher zu dosieren. Ich plädiere für das Gegenteil. Für mich persönlich steht der Eigengeschmack des Fleisches, egal ob Huhn, Rind, Kalb, Lamm oder Wild im Vordergrund. Versuchen Sie einmal das gegrillte Fleisch pur oder mit möglichst wenig Salz zu genießen und erhöhen Sie dann laufend die Dosierung, so können Sie genau feststellen, wie sich der Eigengeschmack durch die Zugabe von Salz verändert.

Die alte „Streitfrage", ob das rohe Fleisch gesalzen werden soll oder erst das fertig gegrillte, lässt sich nicht pauschal beantworten. Wenn das Salzen Bestandteil eines Marinier-Vorganges ist, kann es durchaus Sinn machen, vor dem Grillen zu salzen, aber generell gilt: Erst das gegrillte Fleisch salzen.

Pfeffer hingegen bringt nur eine aromatische Schärfe und verträgt sich mit allen Fleisch- und Fischsorten bestens. Die Dosis bestimmt der gewünschte Schärfegrad, wobei auch hier gilt: Weniger ist mehr!

von links oben bis rechts unten:
Sternanis, Garam Masala, Rosenpaprika, Cayennepfeffer, schwarzer Sesam, Kardamom, Curry, Chilifäden, Kräuter der Provence, Lorbeerblätter, Knoblauchpulver, Senfpulver, Five-Spice, rosa Pfeffer, Wacholder.

Oft kann mit einigen wenigen Gewürzen eine Geschmackswelt definiert werden, die spannend und vielfältig sein kann.

Asia:	Sojasauce Ingwer Chili Five-Spice Curry Wasabi
Afrika:	Zimt Ingwer Koriander Anis Fenchel Pfeffer Harissa Kreuzkümmel
Karibik:	Limette Chili Koriander Cayennepfeffer Muskatnuss Zwiebeln (Pulver) Knoblauch (Pulver) Nelken
Mediterran:	Rosmarin Thymian Salbei Basilikum Knoblauch Peperoncini

Diese Themenzuordnung ist deshalb wichtig, weil manche – sehr typische – Gewürze oder Würzmittel nicht außerhalb dieser Welten sinnvoll miteinander kombiniert werden können.

Gewürzmischungen:

Diese sind sehr lange haltbar und können am Besten in einem verschlossenen Glas aufbewahrt werden.

Die Vorteile sind unübersehbar:

- Die Mischung kann im Voraus in exaktem Mengen-Verhältnis und nach persönlichen Vorlieben zusammengestellt und verwendet werden.
- Während des Grillens an sich spart man viele kleine Handgriffe.
- Das Dosieren als solches fällt weg, das Verhältnis stimmt immer, die Option ein Gewürz durch separates Verwenden zu betonen, bleibt natürlich bestehen.
- Man erspart sich, viele einzelne Gewürze zum Grillen mitbringen zu müssen.

Fleisch-Gewürzmischung:

200 g	Salz
5 g	Cayennepfeffer
2 g	Senfpulver
5 g	schwarzer Pfeffer
5 g	Garam Masala
5 g	Rosenpaprika

Fleisch-Gewürzmischung mediterran:

200 g	Salz
5 g	Cayennepfeffer
5 g	schwarzer Pfeffer
5 g	Rosenpaprika
2 g	Kräuter der Provence (Thymian, Rosmarin, Lavendel, Salbei getrocknet und zerrieben)

Fisch-Gewürzmischung:

200 g	Salz
5 g	gemahlener Koriander
5–10 g	Cayennepfeffer
5 g	weißer Pfeffer
5 g	Five-Spice

Wild-Gewürzmischung:

200 g	Salz
2 g	Cayennepfeffer
5 g	schwarzer Pfeffer aus der Mühle
5 g	Five-Spice
2 g	Kümmel gemahlen
10 g	Piment gemahlen
15 g	Wacholder

Für Gemüse eignen sich sowohl beide Fleisch- als auch die Fischmischung.

Hot and Spicy:

Grillen und Schärfe sind zwei unzertrennliche, sich gegenseitig fast bedingende Elemente. Ohne Chili, Cayennepfeffer, Harissa oder scharfe Saucen macht keine Grillparty wirklich Spaß. Wie scharf es wirklich sein soll, muss jeder für sich selbst herausfinden. Die Scoville-Units (SCU) geben einen Überblick über die Intensität der Schärfe. Die zugegebenermaßen gebräuchlichere Skala von 1–10 reicht speziell in den oberen Bereichen nicht mehr aus, höhere Capsaicin-Werte einzuordnen. Capsaicin ist jener Stoff, der für die Schärfe verantwortlich ist.

Hier einige Scoville-Grade in der Übersicht:

0–10	Gemüsepaprika
100–500	Peperoni
2500–5000	Tabasco
1000–10000	Sambal
30.000–50.000	reiner Cayennepfeffer
100.000–350.000	Habanero-Chili
1.000.000	Chinesische Bhut Jolokia Chili
5.300.000	Polizei-Pfefferspray
16.000.000	reine Capsaicin-Kristalle

Die in gut sortierten Grill-Geschäften angebotenen Saucen bis zu 100.000 Scoville sind durchaus noch genießbar, man sollte dann aber schon hohe Schärfegrade lieben und auch vertragen. Der Totenkopf auf dem kleinen Fläschchen mit Pipette (1.200.000) deutet an, dass hier das kulinarische Terrain verlassen wird und mehr eine Art Mut- bzw. Belastbarkeitsprobe stattfindet. Von Genuss kann in diesem Zusammenhang nicht mehr die Rede sein.

Bärlauch:
Eine der vielseitigsten Wildpflanzen. Intensives, knoblauchartiges Aroma; auch der Geschmack erinnert stark an dieses Liliengewächs. Ideal geschnitten in Salaten, zu Dipps oder auch als Pesto.

Basilikum:
Unbestritten der Star unter den mediterranen Küchenkräutern: pfeffrig, würzig, kühl, zartbitter, leicht süßlich, manchmal mit delikatem Kümmelton. Somit ein Muss für Saucen und Dipps, aber auch in Salaten, klassisch in Kombination mit Tomaten.

Estragon:
Herrlich zu Steinpilzen, in Salaten mit Pilzen, zum Parfümieren von Senf und Essig, für Saucen und Dipps und er macht die Sauce Hollandaise zur Bernaise.

Fenchel, Dill:
Süßlicher, leicht anisartiger Geschmack. Getrocknet eher ins Herbe tendierend. Für Salate, speziell Gurkensalat, und als Fischkräuter. Getrocknete Fenchelsamen sind besonders gut als Gewürz geeignet (siehe Zander im Ganzen mit Fenchel und Pernod). Getrocknete Fenchel- oder Dill-Stängel geben unter die Holzkohle gemischt dem Grillgut eine herrliche Note.

Kerbel:
Zart frischer, leicht süßlicher, anisartiger Geschmack. Hauptsächlich für Salate, speziell zu Fenchel-Orangensalat. Aber auch fein zu Fisch.

Aniskerbel (Süßdolde):
Schmeckt wie Kerbel, die Süße und der anisartige Geschmack sind jedoch noch stärker ausgeprägt.

Lavendel:
Sehr floral, manchmal fast seifig, vorsichtig dosieren. Die Blüten kommen auch getrocknet in den Handel. Fixer Bestandteil der Kräuter der Provence, vermutlich auch wegen der hübschen, lila Farbe. Die doch eher spezielle Note passt perfekt zu Wild und Geflügel.

Minze:
Frisch, würzig, mit mehr oder weniger intensivem Mentholgeschmack. Am meisten Aroma entwickelt die Minze zusammen mit Zucker. Mitkochen lässt sie eher schal werden. Am besten sind einzelne Blättchen in Salaten, als Garnitur für Desserts, Couscous und Tabouleh sowie klassisch in Joghurt-Minze-Kreuzkümmelsauce. Zu Fleisch kombiniert man besser die unterschiedlichsten Ysop-Arten wie Anis- oder Lemonysop oder Koreanische Minze.

Petersilie:
Das klassische Küchenkraut schlechthin. Als nervtötende, immer wieder kehrende Garnitur ist das Sträußchen krause Petersilie schon fast ein bisschen Symbol der Einfallslosigkeit. Leider, denn Petersilie hat einen sehr hohen Mineralstoff- und Vitamin C-Gehalt und ist somit ernährungsphysiologisch sehr wertvoll. Also in Salate zupfen, gehackt in Buttermischungen und Saucen oder frisch gehackt über jegliches Gemüse und Salat streuen.

Rosmarin:
Hauptbestandteil meiner Fleischkräutermischung. Ideal mit hellem Fleisch, natürlich auch mit Lamm, Wild, Rind und Gemüse wie Auberginen und Zucchini.
Wenn ich in der Saison große Mengen zur Verfügung habe, liebe ich es, eine Handvoll Rosmarin-Nadeln in heißem Erdnussöl zu frittieren. Der Geschmack wird dadurch deutlich milder und die Nadeln knusprig und angenehm zu essen.

Im Süden wird büschelweise getrockneter Rosmarin im Feuer mitverbrannt – ein unvergleichliches Duft-Erlebnis. Aus geraden Zweigen kann man durch Abstreifen der Nadeln hübsche Spieße herstellen, die beim Grillen auch ein wenig von dem betörenden Aroma abgeben.

Salbei:
Gibt es in sehr vielen unterschiedlichen Arten. Fast alle eignen sich für meine Fleischkräuter in Kombination mit Rosmarin und Thymian.

Ananas-Salbei als einziger für Salate, Früchte und sogar Fisch. Beachtenswert sind auch seine dekorativen, roten Blüten, allerdings hält der Geschmack nicht, was der Duft verspricht.

Frittierte Salbei-Blätter schmecken herrlich mit Bruschette – ob in Kombination mit Geflügelleberparfait oder Sardellen und Oliven.

Schnittlauch:
Hocharomatisches Liliengewächs mit lauchartigem Geschmack und entsprechend hübschen Blüten. Diese schmecken ebenfalls sehr intensiv und können ganz in Salate, aber auch gezupft als Garnitur verwendet werden. Die Stängel grob geschnitten in Salaten und Aufstrichen, Saucen oder Dipps.

Thymian:
Unverzichtbar zu Lamm und Wild, Zitronenthymian zu Fisch, Kümmelthymian mit seinem Kreuzkümmel ähnlichem Geschmack zu Lamm und Geflügel.

Zitronenmelisse:
Herrlich „zitroniges" Aroma. Sehr delikat in Salaten, zu Fisch (Bei ganzen Fischen vor dem Grillen die Bauchhöhle damit füllen, das gibt ein herrliches Aroma.), für Saucen und Dipps.

Kräuter-Mischungen:

Fleischkräuter-Mischung:
Rosmarin, Salbei und Thymian bilden das Grundgerüst, optional dazu passen Petersilie, Bohnenkraut, Liebstöckel, Oregano und Majoran.

Fischkräuter-Mischung:
Petersilie, Dill und Kerbel sind hier die Basiskräuter, erweitern kann man mit Estragon, Basilikum oder Zitronenmelisse.

Mein Tipp:

Kräuter, wenn nötig, nur waschen, dann lediglich mit kaltem Wasser abduschen, gut ausschütteln und abtropfen lassen. Hacken und/oder Schneiden immer mit einem sehr scharfen Messer, damit kein Saft ausgequetscht wird. Hacken Sie die Kräuter nie zu fein, da sie dadurch ihren Saft verlieren und somit viel an Geschmack. Dass die Kräuter zu massiv durchgehackt wurden, kann meist schon am grün verfärbten Brett gesehen werden. Wenn gut abgetropfte Kräuter mit einem scharfen Messer gehackt werden, dann bleibt das Brett weitgehend weiß, da kaum Saft ausgequetscht wird.

GEMÜSE UND BEILAGEN

GEGRILLTE ARTISCHOCKEN

Vorbereiten für 6 Portionen:

6 Stk	Artischocken (mittlere Größe)
60 ml	natives Olivenöl
	etwas grobes Meersalz

Das ist wohl eine der spannendsten Gemüse-Geschichten, die ich auf meinen Reisen erleben durfte. Auf einer Erkundungsfahrt quer (eigentlich eher längs) durch Italiens Weinbauregionen, führte unser Weg schließlich nach Sizilien, wo wir unsere Freunde, die Planetas – ein richtiger sizilianischer Clan, der für Siziliens beste Weine und bestes Olivenöl verantwortlich ist – einfach besuchen mussten. Ihrer herzlichen Gastfreundschaft haben wir es zu verdanken, dass wir im Süden dieser imposanten Insel Vittorio kennenlernen durften. Er grillt für sein Leben gern, tut das nicht nur mit unglaublicher Hingabe, sondern ist auch ein kreativer Perfektionist, wie wir bald feststellen durften.

Schmeckt perfekt

zu Geflügel, jedem Fleisch, Fisch!
Aber eigentlich muss man sie ganz pur als Vorspeise genießen, allenfalls etwas Trüffel-Remoulade oder Sauce Hollandaise könnte man zulassen.

Wir waren die einzigen Gäste – außer ein paar Freunde von Vittorio, die lärmend einen Tisch bevölkerten und für perfekte, italienische Stimmung sorgten. Wir saßen direkt am Grill in dem schon eine herrliche Glut aus Rebholz der Dinge harrte, die da kommen mussten. Neben dem Grill lag ein ganzer Haufen Artischocken, die um diese Zeit die Insel auf riesigen Feldern bewachsen. Als ich das sah, sprach ich Walter darauf an, und sagte ihm, dass ich große Lust hätte, ein paar dieser herrlichen Artischocken einfach in die Glut zu legen – das stellte ich mir himmlisch vor. Ich war nicht ganz fertig mit dem Satz, da brach Vittorio eine Artischocke nach der anderen vom krautigen Stängel und legte sie behutsam in die Glut. Wir dachten, wir sehen nicht richtig und dann wurde uns klar, die ganz kurz genial anmutende „Erfindung" meinerseits war alles andere als neu! Und perfekt entwickelt noch dazu: Denn nach wenigen Minuten begannen die Artischocken sich leicht zu öffnen und schon war Vittorio mit Meersalz und Olivenöl zur Stelle, streute etwas Salz zwischen die leicht geöffneten Blätter und träufelte dann etwas von diesem genialen Planeta-Öl hinein. Nach 15 Minuten begannen sie aus den Öffnungen zu dampfen, ein klarer Hinweis, dass es nicht mehr lange dauern konnte. Und genau, nur wenige Minuten später hob Vittorio voller Stolz diese Kunstwerke aus der Glut auf unsere Teller. Wir entfernten die äußeren komplett verkohlten Blätter und dann saugten wir an den Enden der ersten perfekt gegarten Artischockenblätter, tauchten sie gelegentlich in Öl, mhm. Ich kann mich nicht erinnern, je etwas Köstlicheres gegessen zu haben. Wow!!!!

GEGRILLTE PAPRIKA

Schmeckt perfekt

zu Lamm, Rind, Geflügel, Fisch und Meeresfrüchten. Eine tolle Ergänzung zu Salat- und Vorspeisen-Variationen.

Vorbereiten für 6–8 Portionen:

je 2	rote, gelbe und orangefarbene Paprikaschoten
50 ml	Olivenöl
	grobes Meersalz, Pfeffer aus der Mühle
1	Knoblauchzehe
	frisches Basilikum

Paprikaschoten vierteln, Kerngehäuse und die weißen Zwischenhäutchen entfernen und dann mit der Hautseite auf den Grill legen. Mittlerer Rostabstand und kräftige Glut sind ideal. Die dünne Haut darf ohne weiteres leicht ankohlen. Wenn die Paprikas zu dampfen beginnen, bedeutet es, sie sind gar. Dann in eine Schüssel mit Deckel geben und zugedeckt ca. 10–15 Minuten stehen lassen. Nun die Haut abziehen, mit Olivenöl marinieren, dünn geschnittene Knoblauchscheiben und das frisch gezupfte Basilikum darüber geben. Mit Salz und Pfeffer ganz leicht würzen.

GEGRILLTE AUBERGINEN

Schmeckt perfekt

zu Lamm-Hackspieße mit Limonen-Tahine oder Lamm-Butterflys. Aber asiatisch mariniert mit Hoisin-Sauce, Erdnuss-Kokossauce oder süß-saurer Chilisauce zu Garnelen, Branzino mit Limette und Chili oder Rocklobster „Tandoori".

Vorbereiten für 6–8 Portionen:

2	mittelgroße Auberginen
100 ml	Olivenöl
	grobes Meersalz, Pfeffer aus der Mühle
	frischer Thymian

Auberginen waschen und trocken reiben. Entweder quer oder längs in ca. 1/2 cm dicke Scheiben schneiden. Diese leicht mit Olivenöl bepinseln und bei mittlerem Rostabstand und noch kräftiger Glut zügig goldbraun grillen. Mit Meersalz, Pfeffer aus der Mühle und frischem Thymian bestreut zu Salaten und Vorspeisen-Variationen servieren.

AUBERGINEN-LAUCHZWIEBELGEMÜSE

Vorbereiten für 6–8 Portionen:

12 kl	weiß-violette Auberginen (rund)
2 Bd	Lauchzwiebeln
100 ml	Olivenöl
	grobes Meersalz, Pfeffer aus der Mühle
	frischer Thymian

Auberginen waschen und trocken reiben. Dann in Spalten schneiden (wie bei einem Apfel!).

Das Grün der Lauchzwiebel in ca. 5 cm lange Stücke schneiden, die Zwiebel selbst längs in Segmente in der gleichen Größe wie die Auberginen. Nun in Alufolie mit Olivenöl und Thymian auf dem Grill bei mittlerem Rostabstand garen oder noch besser in der Edelstahl-Grillwanne grillen, häufig wenden und erst wenn Zwiebel und Auberginen gar sind, auf einen vorgewärmten Teller geben, mit Olivenöl beträufeln und mit Meersalz, Pfeffer aus der Mühle und frischem Thymian bestreut servieren oder weiterverwenden.

Schmeckt perfekt

zu Lamm-Butterflys, Fisch, Meeresfrüchten und Geflügel. Aber auch zum Füllen des Kaninchenrückens geeignet (siehe Seite 146).

Wenn in der Toskana gegrillt wird, dann sind Bruschette ein Muss. Die Zubereitung ist denkbar einfach, man kann die Weißbrotscheiben schon recht früh auf den Grill legen, denn kräftige Glut röstet das Brot rasch und geschmackvoll, ohne es auszutrocknen. Mit etwas Olivenöl beträufelt und Meersalz bestreut, sind sie fertig zum Verzehr und wenn ich meinen Freund Daniele – er ist Direktor des wohl schönsten Weingutes der Maremma, nämlich Ampeleia – besuche, dann ist immer ein Tag dabei, an dem gegrillt wird. Er liebt Bruschette und kann es kaum erwarten, die ersten Brotscheiben vom Grill zu holen. Von seiner Mutter bringt er dann immer ein Glas Geflügelleberparfait mit, einfach genial und dazu ein Glas Süßwein. So kann ein Tag aus kulinarischer Sicht perfekt beginnen.
Es war nicht leicht an das Rezept zu kommen, aber am Ende des Tages, hat mir Daniele dann doch die wesentlichen Bestandteile des Leberparfaits verraten. Der zweite geniale Klassiker ist eine einfache Tomaten-Basilikum-Marmelade. Es gibt tausende Varianten von Belägen und Aufstrichen für Bruschette, aber diese vier sind meine absoluten Favoriten.

BRUSCHETTE

Vorbereiten für 6 Portionen:

1	toskanisches Weißbrot (Versuchen Sie ersatzweise ungesalzenes italienisches Brot zu bekommen).
	natives Olivenöl
	etwas grobes Meersalz

TOMATEN-BASILIKUM-MARMELADE

250 g	frische Tomaten
80 g	Gelierzucker
1/2 Tl	Agar-Agar
1 El	weißer Balsamico (oder heller Weinessig)
	frisches Basilikum nach Bedarf
	wenig Salz, etwas Chilipulver

Für die Tomaten-Basilikum-Marmelade die Tomaten enthäuten, grob würfeln und mit dem Gelierzucker und dem Agar-Agar kurz aufkochen. Mit Essig, etwas Salz und wenig Chili abschmecken und das frisch geschnittene Basilikum jeweils erst kurz vor dem Servieren beigeben, damit es den vollen Geschmack behält.

BLAUSCHIMMELKÄSE, FEIGEN UND MANDELN

100 g	Blauschimmelkäse
4	frische Feigen
30 g	Mandelstifte
10 ml	Argan-öl

Feigen vorsichtig abreiben und in Würfel schneiden, den Blauschimmelkäse ebenfalls würfeln – bei intensivem Blauschimmelkäse eher kleinere Würfel machen, dann Feigen und Käse vorsichtig vermischen, auf die Bruschette verteilen, mit Argan-Öl beträufeln und mit den Mandelstiften bestreut servieren. Die Mandeln entfalten ihr Aroma perfekt, wenn sie kurz angeröstet werden, das geht auch mit einem Stück Alufolie auf dem Grill!

CHORIZO-RAGOUT

150 g	Chorizo
150 g	Karotten
150 g	Sellerie
1	Zwiebel
3	Knoblauchzehen
50 ml	Olivenöl
3	Zweige Rosmarin
1 El	Rosenpaprika
100 ml	Gemüsefond
50 ml	trockener Weißwein
	Salz, Pfeffer, Cayennepfeffer

Gemüse, Zwiebel und Chorizo in erbsengroße Würfel schneiden, in Olivenöl anschwitzen. Rosenpaprika dazugeben und mit anschwitzen. Dann die geviertelten Knoblauchzehen und die Rosmarinzweige beigeben. Mit Weißwein ablöschen und bei milder Hitze dünsten. Nun den Gemüsefond nach und nach angießen. Mit wenig Salz, Pfeffer und Cayennepfeffer abschmecken.

SARDELLEN, SCHWARZE OLIVEN UND SALBEI

80 g	Sardellen
80 g	schwarze Oliven
1	Schalotte
20 ml	Olivenöl
	schwarzer Pfeffer
	einige Salbeiblätter
	Sonnenblumenöl zum Frittieren

Sardellen grob hacken, Oliven entsteinen und in Streifen schneiden, Schalotte schälen und fein würfelig schneiden. Nun alles mischen und mit schwarzem Pfeffer aus der Mühle würzen.
Salbeiblätter in heißem Sonnenblumenöl kurz frittieren. Sardellen-Oliven-Gemisch auf die Bruschette verteilen und mit dem knusprig frittierten Salbei belegt servieren.

Bruschette schmecken perfekt

zu Geflügelleberparfait: siehe eigenes Rezept (siehe Seite 48)

GEFÜLLTE ZUCCHINIBLÜTEN

Vorbereiten für jeweils 12 Zucchiniblüten:

Fischfüllung:

250 g	Bodenseefisch (Zander, Hecht und Lachsforelle eignen sich am besten)
1	Ei
200 ml	Sahne
20 ml	Noilly Prat
5 ml	Pernod (einige Spritzer)
	Salz, Pfeffer, Cayennepfeffer
1 El	gehackte Kräuter (Dill, Kerbel, Petersilie)
100 g	gewürfeltes Toastbrot
30 g	Butterschmalz

Fischfiletstücke mit Noilly Prat, Pernod, Salz, Pfeffer und Cayennepfeffer marinieren. Im Kutter fein mixen, Ei dazu, wiederum kurz durchmixen und dann die Hälfte der Sahne nach und nach einkuttern. Die Farce durch ein Sieb streichen und mindestens 15 Minuten kalt stellen. Die restliche Sahne mit einer Gummispachtel nach und nach unterrühren. Croutons in Butterschmalz goldbraun braten, auskühlen lassen und zusammen mit den Kräutern in die Farce mischen. Nun die Blüten mit dem Spritzsack und einer entsprechend großen Tülle vorsichtig füllen. Diese nun vorsichtig auf dem Grill bei mittlerer Hitze grillen. Die Farce braucht keine starke Hitze, dafür aber eher länger, und die kleinen Zucchini brauchen ebenfalls 5–7 Minuten, bis sie gar sind.

Würzige Lammfüllung:

300 g	Faschiertes Lammfleisch
2	altbackene Brötchen
2	Eier
	etwas Milch und lauwarmes Wasser
1 kl	Zwiebel
20 g	Butter
3 El	frisch gehackte Kräuter (Basilikum, Thymian, Rosmarin, Petersilie aber auch Kerbel und Estragon passen gut)
1/2 Tl	Rosenpaprika
1/2 Tl	Curry
1 Msp	Chili
1 Msp	Kreuzkümmel
1	Knoblauchzehe zerdrückt
	Salz, Pfeffer aus der Mühle

Altbackene Semmeln entrinden, in grobe Würfel schneiden und in lauwarmem Wasser und Milch einweichen. Zwiebel und Kräuter in Butter etwas anschwitzen, Paprika und Curry dazu und ebenfalls kurz mit anschwitzen. Beide Gewürze entfalten erst so ihr volles Aroma. Nun alle Zutaten gut miteinander vermischen, mit Salz und Pfeffer aus der Mühle abschmecken und wie oben angegeben, verfahren.

Weitere Füllungen

Füllung mit Safran-Reis und Feta:
(siehe Seite 50 Zucchini-Täschchen)
Gewürztabouleh: (siehe Seite 46).

Schmeckt perfekt

zu jedem Fleisch. Natürlich zu Lamm, Rind und Geflügel. Zu Fisch ist mir Mais in dieser Form doch etwas zu dominant.

GEGRILLTE MAISKOLBEN

Vorbereiten für 6–8 Portionen:

3–4	schöne Zuckermaiskolben
60 g	Chili-Knoblauchbutter (oder Curry-Zitrus-Butter siehe Seite 162)

Gegrillte Maiskolben sind der Klassiker unter den Grill-Beilagen schlechthin. Achten Sie beim Einkauf auf Top-Qualität. Die Maiskolben von Gertrud und Peter, meinen Bio-Bauern, sind schon von Haus aus so aromatisch und süß, dass ich praktisch gar nicht würze. Was aber den Geschmack unglaublich steigert, ist die fertig gegrillten Kolben mit einer herrlichen Kräuterbutter oder, wie oben angegeben, mit Chili-Knoblauch- oder Curry-Zitrusbutter zu bestreichen.

Das Grillen an sich ist recht einfach. Maiskolben roh auf den Grill legen, bei mittlerer Hitze und mittlerem Rostabstand. Wichtig ist, dass die Maiskolben laufend gedreht werden. Dann goldbraun grillen und erst am Schluss die heißen Maiskolben mit der jeweiligen Butter bestreichen.

Schmeckt perfekt

zu Wachtel und Stubenküken, aber auch zu allen Fischen und Meeresfrüchten.

GEGRILLTER FENCHEL

Vorbereiten für 6–8 Portionen:

2	schöne Fenchelknollen
50 ml	Olivenöl
	grobes Meersalz, Pfeffer aus der Mühle
2 cl	Pernod
1 kl	Orange

Die grünen Stängel abschneiden, und den Fenchel in ca. $^1/_2$ cm dicke Scheiben schneiden. Diese bei mittlerer Hitze beidseitig grillen. Während dem Grillvorgang einige Male ganz sparsam mit Olivenöl bepinseln. Den fertig gegrillten Fenchel in ein vorgewärmtes Geschirr schlichten, mit etwas Pernod beträufeln und mit Meersalz und Pfeffer würzen. Die Orange heiß abwaschen und trocken reiben. Mit einem scharfen Messer die Schale dünn abschneiden, und zwar so, dass möglichst wenig weiße Schalenanteile mit abgeschnitten werden. Dann in ganz feine Streifen schneiden und über den Fenchel streuen.

GEGRILLTE STEINPILZE

Vorbereiten für 6–8 Portionen:

4–5	große, feste Steinpilze
50 ml	Olivenöl
	frische Kräuter (z. B.: Petersilie, Estragon, Thymian, Rosmarin)
	Meersalz und Pfeffer aus der Mühle

Schmeckt perfekt

zu jedem Fleisch. Ich bevorzuge natürlich die Rehkeule mit Wacholder-Rosmarinöl oder die Hirschsteaks in Honig-Soja-Sauce, aber auch Rindsfilet-Scheiben oder die Beiried- Schnitte in Pfefferkruste.

Der Steinpilz ist wohl der König unter den Speisepilzen. Auch wenn ich in meinem Leben schon Hunderte Kilo davon verarbeitet habe, mein Herz schlägt jedes Mal schneller, wenn ich im Wald einen Stein- oder, wie er auch oft genannt wird, Herrenpilz finde. Sein weißes, festes aromatisches Fleisch macht ihn so beliebt. Die Röhren (die dieser Familie auch den Namen, nämlich Röhrlinge, geben) sind nur bei ganz jungen Exemplaren genießbar.

Die Steinpilze in eher grobe Scheiben schneiden, diese mit Olivenöl bepinseln und dann bei mittlerer Hitze und mittlerem Rostabstand grillen, bis sie leicht Farbe nehmen. Dann mit etwas Zitrone und Olivenöl beträufeln und mit Meersalz und frischem Pfeffer würzen. Alternativ können Sie auch Shitake-Pilze oder Austernpilze verwenden. Pom-Pom, der bei uns gelegentlich auf Märkten angetroffen wird, eignet sich in Scheiben geschnitten auch sehr gut.

GEWÜRZTABOULEH

Vorbereiten für 6 Portionen:

150 g	Couscous
230 ml	Wasser
40 g	Butter
	Salz
150 g	mediterranes Gemüse in kleinen Würfeln
	Cayennepfeffer, Kreuzkümmel, Curry

Für den Couscous gießen Sie das mit Butter aufgekochte und leicht gesalzene Wasser eben über diesen, dann zudecken und ca. 2 Minuten quellen lassen. Das mediterrane Gemüse in Olivenöl weich dünsten, zum gegarten Couscous geben und mit den Gewürzen vorsichtig abschmecken. Gut durchmischen.

Schmeckt perfekt

zu allen Lamm- und Geflügel-Gerichten. Speziell zu gegrillter Wachtel mit Five-Spice und Cranberry, Lamm-Butterflys, Lamm-Hackspieße mit Limonen-Tahine. Der ideale Dipp ist Minze-Joghurt.

KARTOFFEL „TRICOLORE“

Schmeckt perfekt

zu praktisch jedem gegrillten Fisch, Meeresfrüchten, Fleisch, Geflügel. Diese Beilage ist ein echter Allrounder!

Vorbereiten für 6–8 Portionen:

300 g	Süßkartoffeln
300 g	mehlige Kartoffeln
300 g	Trüffelkartoffeln (violette Kartoffeln)
50 ml	Olivenöl
1	Zweig Thymian
1	Zweig Rosmarin
	grobes Meersalz, Pfeffer aus der Mühle, Muskat

Alle Kartoffeln mit einer Bürste unter fließendem Kaltwasser sauber reinigen. Dann mit einem Tuch trocken reiben und entweder mit einem scharfen Messer oder mit einem Gemüsehobel in gleichmäßig große ca. 3 mm dicke Scheiben schneiden. Die Scheiben getrennt mit etwas Öl vermischen. Vorsicht: die Trüffelkartoffeln, die im Übrigen nur aufgrund ihrer Form so heißen, denn von Trüffelgeschmack ist weit und breit keine Spur, würden die anderen Kartoffelscheiben hässlich verfärben. Nun auf dem Grill mit mittlerem Abstand und nicht allzu aggressiver Hitze grillen. Mit etwas Öl beträufeln, Meersalz und die gehackten Kräuter darüber geben und am Schluss etwas frischen Pfeffer und Muskat darüber reiben.

ZUCCHINISCHEIBEN GEGRILLT MIT BLAUSCHIMMELKÄSE

Schmeckt perfekt

zu Salaten und als vegetarische Vorspeise, aber auch als Beilage zu Geflügel und Lamm.

Vorbereiten für 6–8 Portionen:

3	mittelgroße Zucchini
250 g	Blauschimmelkäse
60 g	Mandelstifte
50 g	Rosinen
	Salz, Pfeffer aus der Mühle

Die Zucchini waschen, trocken reiben und leicht schräg in ca. 3 mm dicke Scheiben schneiden. Auf dem Grill bei starker Hitze und mittlerem Rostabstand auf beiden Seiten kurz angrillen. Den Blauschimmelkäse zerbröseln oder falls er sehr weich ist, einfach in grobe Würfel zerteilen, mit Mandelstiften und Rosinen mischen und wenig davon zwischen jeweils zwei gegrillte Zucchinischeiben füllen, leicht andrücken und dann bei großem Rostabstand und milder Hitze so lange grillen, bis der Käse zu zerfließen beginnt.

GEFLÜGELLEBERPARFAIT

Mein Tipp:

Mit Madeira-Gelee abgedeckt, bleibt das Parfait noch länger frisch.

Vorbereiten für 5 Gläser à 250 g:

550 g	Geflügelleber
3	Eier
400 g	lauwarme Butter
	Noilly Prat
	Cognac
	Wacholder, Thymian, Rosmarin
1	kleine Knoblauchzehe
2	mittelgroße Schalotten
	Salz, Pfeffer, Muskat
1 Msp	Ascorbinsäure

Ein Drittel der Leber ansautieren, Knoblauch und Schalotten beigeben, mit Cognac und Noilly Prat ablöschen und mit den Kräutern würzen. Dann mit Salz, Pfeffer und Muskat abschmecken. Mit der rohen Leber und den Eiern mixen, die handwarme Butter einmixen und durch ein Sieb passieren. Die Ascorbinsäure zugeben, nochmals abschmecken und bei 70° Wassertemperatur im Ofen pochieren.

BIO-CAMEMBERT IM PARMASCHINKEN GEGRILLT MIT GRAPPATRAUBEN

Vorbereiten für 6 Portionen:

6	Bio-Camembert
200 g	Parmaschinken
1 kg	Weintrauben
100 ml	Grappa
150 ml	Läuterzucker

Schmeckt perfekt

zu Salaten und als vegetarische Vorspeise, aber auch als Beilage zu Geflügel und Lamm.

Für die Grappatrauben werden die Früchte halbiert und entkernt. Wer sich wirklich viel Arbeit antun möchte, kann die Weintrauben zuerst mit einem scharfen Messer enthäuten. Läuterzucker ist ein Gemisch aus einem Teil Wasser und einem Teil Kristallzucker. Dieses wird so lange eingekocht, bis eine leicht sirupähnliche Flüssigkeit entsteht. Nun die vorbereiteten Trauben in ein Einmachglas füllen, mit Läuterzucker und Grappa übergießen und dann das Glas verschließen und die Trauben für mindestens 3 Tage ziehen lassen.

Den Camembert sorgfältig mit Parmaschinken umwickeln und bei mittlerem Rostabstand und schöner Glut auf jeder Seite 3–5 Minuten grillen. Die Grillzeit schwankt sehr stark mit dem Reifegrad des Käses – sehr reifer Käse ist sehr schnell fertig und beginnt zu zerfließen, wogegen ein junger, unreifer Käse eine längere Garzeit braucht.

ZUCCHINI-TÄSCHCHEN

Vorbereiten für 6–8 Portionen:

3	mittelgroße Zucchini
150 g	Reis
1 kl	Zwiebel
3–4	Nelken
20	Safranfäden
2	Lorbeerblätter
100 g	Feta in Würfel
30 g	Rosinen
	frische Minze nach Bedarf
	Salz, Pfeffer aus der Mühle
	Kreuzkümmel und Chilli nach Belieben

Als aller Erstes müssen Sie den Reis kochen. Dazu den Reis, die 1,5-fache Menge Wasser, etwas Salz, eine kleine mit den Nelken gespickte Zwiebel, die Lorbeerblätter und den Safran in einen Topf geben, kurz aufkochen lassen, Hitze ganz klein stellen und zugedeckt ca. 15 Minuten dämpfen.

Die Zucchini waschen, trocken reiben und längs in dünne Scheiben schneiden. Dies wie auf den Fotos beschrieben, ineinander flechten. Den Reis mit fein geschnittener Minze, Feta, Rosinen mischen und mit Salz abschmecken. Für eine orientalische Note können Sie einen Hauch Kreuzkümmel und auch etwas Chili für die Würzung verwenden. Diese Masse nun auf das Zucchinigeflecht legen und fertig einpacken. Die Päckchen werden bei mittlerem Rostabstand und milder Glut rasch heiß – Garen müssen sie ja nicht mehr.

Schmeckt perfekt

zu Lamm und Huhn, Stubenkücken und Wachtel.

ZWIEBEL- UND LILIENGEWÄCHSE GEGRILLT

Eignen sich sehr gut als Beilagen. Am liebsten habe ich sie im Ganzen gegrillt und zwar noch in der Schale, denn diese wirkt wie eine Schutzschicht. Bei dünnschaligen Zwiebelgewächsen macht es durchaus Sinn, diese zuvor in Alufolie zu wickeln.

Hier meine Tipps zur Zubereitung der wichtigsten Sorten:

Gewöhnliche, braunschalige Zwiebel:

Ganze Zwiebel in die Glut legen, diese sollte schon langsam mit einer weißen Ascheschicht überzogen sein, damit die Hitze nicht zu aggressiv wird. Entweder ganz servieren und den Gästen das Schälen überlassen oder von den Schalen befreien und einfach grob zusammenhacken. Es bildet sich eine Art hocharomatischer Karamell, der mit der Süße der Zwiebel eine sehr schöne Harmonie ergibt.

Weiße Zwiebel:

Vorgangsweise wie bei den braunen Zwiebeln, allerdings macht es aufgrund der eher dünneren Schale Sinn, sie vor dem Grillen in der Glut in Alufolie zu wickeln.

Rote Gemüsezwiebel:

Leider bei uns nur selten erhältlich, aber zum Grillen ideal. Die Zwiebel von zu viel Grün befreien, ich lasse immer so ca. 10–15 cm dran. Dann der Länge nach halbieren, mit großer Hitze und mittlerem Rostabstand die Schnittflächen grillen, wenden und dann von der Unterseite her in der Schale fertig garen. Mit etwas Olivenöl und Meersalz beträufeln und fertig ist eine herrliche Beilage, die gleichermaßen zu Fisch, Fleisch und Geflügel passt.

Schalotten

Mehrere Schalotten zusammen in Alufolie wickeln, gut andrücken und in einer schön mit weißer Asche bedeckten Glut „vergraben". Das Päckchen soll rundherum von Glut bedeckt sein. Sie können die verschiedensten Kräuter und Gewürze mit einpacken und so dieser herrlichen und total einfachen Beilage eine außergewöhnliche Note verleihen.

Knoblauch

Unverzichtbar aufgrund seiner aromatischen Intensität. Safran-Aioli, Rouille, Oliven-Knoblauchsauce, Pesto Klassisch, Lammjus, Chutneys, um nur einige Möglichkeiten zu nennen.

Schmeckt perfekt

zu Salaten und als vegetarische Vorspeise, aber auch als Beilage zu Geflügel und Lamm.

FISCH

DAS WICHTIGSTE ÜBER FISCH

Einkauf	Der richtige Fischeinkauf ist schon die halbe Miete. Einen Fischhändler ihres Vertrauens ausfindig zu machen, hilft enorm und er wird als Profi auch immer mit Tipps für Sie da sein. Dennoch sollten Sie das 1x1 der Frische-Merkmale beherrschen.
Geruch	Frischer Fisch riecht nach fast gar nichts, allenfalls nach See- oder Meerwasser. Natürlich gibt es Fische, wie z. B. Seeteufel, die einen stärkeren – dann aber eben nicht unangenehmen – Geruch haben.
Feuchtigkeit	Filets und auch frische Fische sollten immer einen leicht feuchten Glanz haben, angetrocknete Stellen deuten auf unsachgemäße und/oder zu lange Lagerung hin.
Lagerung	Achten Sie in diesem Zusammenhang darauf, wie Ihr Fischhändler die Ware lagert. Eine Vitrine mit viel Eis ist in jedem Fall ein gutes Zeichen. Ein guter Händler filetiert und entschuppt den ausgesuchten Fisch auch, und wird ihn perfekt verpackt an heißen Tagen auch mit einem Beutel Crushed Ice überreichen.

Sichtbare Frische-Merkmale

AUGEN	Sie müssen feucht, prall und glasklar sein, die Pupillen nach außen gewölbt. Fischaugen dürfen niemals eingefallen oder trüb sein.
FLEISCH	Um festzustellen, ob es wirklich elastisch und fest ist, hilft die Fingerdruckprobe. Bleibt im Fisch nach dem Eindrücken eine sichtbare Delle zurück, weist das auf überlagerten Fisch hin.
KIEMEN	Sie müssen leuchtend hellrot sein. Die einzelnen Kiemenblättchen sollten klar und deutlich erkennbar, nicht verklebt, verschleimt, hellgelb oder gar braun sein.
HAUT	Sie muss sowohl weich als auch feucht sein und natürliche Farbe sowie seidigen Glanz aufweisen. Der dünne Schleimfilm auf der Haut sollte intakt erhalten und durchsichtig sein (keine schmierige Schleimschicht, keine graue oder gelbe Färbung).
FLOSSEN	Sie dürfen niemals verklebt und trocken sein. Beschädigte Flossen lassen auf unsachgemäßen Fang oder lange Transportwege schließen. Also darauf achten, dass sie gut erhalten und sauber glänzend sind.
BAUCHHÖHLE	Sie muss sauber ausgenommen und völlig geruchlos sein. Falls es über haupt Blutreste gibt, so müssen diese leuchtend rot glänzen, denn bei dunklen, bereits angetrockneten Blutresten ist der Fisch schon alt.

AUFTAUEN WIE DIE PROFIS

1 Die schnellere Art, den Fisch ausgepackt in kaltem, leicht fließendem Wasser aufzutauen, sollte wirklich nur in kulinarischen Notfällen angewandt werden; eben wenn es wieder einmal schnell gehen sollte ...

2 Wesentlich besser und schonender ist es, die Fische im Kühlschrank, unter Umständen sogar in der Originalverpackung (Scampi, Kaisergranat, Rocklobster etc. werden gerne mit Wasser „glaciert", um diese vor dem Austrocknen zu schützen) langsam auftauen zu lassen, am besten auf einem Gitter, damit das Auftauwasser gut abtropfen kann.

FISCHE FÜR DEN GRILL VORBEREITEN

- Das Ausnehmen ganzer Fische wird mit Sicherheit Ihr Fischhändler auf Wunsch gerne übernehmen. Sollten Sie dennoch einmal mit einem unausgenommenen Fisch konfrontiert werden, schneiden sie ihn mit einem scharfen Messer von der Afteröffnung her auf, dann sorgfältig ausnehmen und dabei darauf achten, dass die Galle nicht verletzt wird (ausfließende Gallenflüssigkeit macht den Fisch bitter und fast ungenießbar). Spülen Sie die Fische nach dem Ausnehmen vorsichtig mit klarem Wasser ab.
- Ganze Fische NICHT schuppen. Lediglich ausnehmen, mit kaltem Wasser sauber aus- und abwaschen und mit Küchenpapier trocken tupfen.
- Süßwasserfische sollten nach dem Abschlagen mindestens 10 Stunden kühl gelagert werden. Die Totenstarre ist dann vorbei und das Fleisch schmeckt wesentlich zarter.

DAS FILETIEREN VON FISCHEN

Hier unterscheidet man prinzipiell das Filetieren von Rund- (Forelle, Saibling, Renke etc.) bzw. Plattfischen (Steinbutt, Seezunge, Heilbutt, Glattbutt etc.).

Rundfische	
1	Mit einem sehr scharfen Messer hinter dem Kopf und der ersten Brustflosse schräg einschneiden.
2	Messer drehen.
3	Das Messer vom Kopf in Richtung Schwanzende mit klarem Zug durch den Fisch ziehen, dabei darauf achten, dass der Schnitt parallel zur Mittelgräte geführt wird.
4	Nun die bauchseitigen Gräten abschneiden.
5	Bei größeren Fischen lohnt es sich, die Gräten mit einer dafür vorgesehenen und geeigneten Pinzette zu zupfen.
6	Filet portionieren.

Plattfische	
1	Seezungen werden vor dem Filetieren enthäutet. Dabei wird die Schwanzflosse für wenige Sekunden in kochendes Wasser getaucht, dann mit einem Messer abgeschabt, sodass sie mit einem Tuch gefasst werden kann. Dann die Haut vom Schwanzende in Richtung Kopf mit einem kräftigen Ruck abziehen.
2	Plattfische haben 4 Filets, jeweils 2 oben und 2 unten. Diese werden von der Mitte aus abgelöst.
3	Filets von Plattfischen sind dann grätenfrei.
4	Filets wie gewünscht portionieren.

DAS ZISELIEREN (EINSCHNEIDEN) VON FISCHFILETS

Vor allem für ganze Fische über 1 kg Gewicht bringt das Ziselieren den Vorteil einer gleichmäßigeren Garung und natürlich auch eine Zeitersparnis. Weiters können die tiefen Einschnitte den Genuss noch steigern, denn man kann die Schnitte mit Marinade auspinseln und mit den verschiedensten Aromen füllen (siehe Branzino mit Limetten und Chili oder Zander mit Fenchel und Pernod), wodurch Gewürze besser und gleichmäßiger eindringen können.

DAS GRILLEN VON GANZEN FISCHEN

Das Grillen von ganzen Fischen erfordert Fingerspitzengefühl und vor allem Geduld. Unabhängig von der Art des Fisches und der jeweiligen Rezeptur ist es notwendig, folgende Punkte zu beachten:

Portionen Rechnen Sie pro Person ca. 400 g Bruttogewicht, dann haben Sie eine ausreichend große Hauptspeisenportion. Also ein Fisch von gut 1,5–2 kg reicht für 4–5 Personen.

Hitze Je größer der Fisch, desto größer sollte der Abstand des Rostes zur Glut sein. Direkte, intensive Strahlungshitze würde den Fisch verbrennen und trocken bzw. spröde werden lassen. Die Glut muss mit einer grauen Ascheschicht überzogen sein. Direkte Flammen sind zu vermeiden. Ich arbeite gerne mit zwei Zonen. Das heißt, ich habe in der Mitte mehr und somit eine stärkere Glut und Hitze, die dann gegen den Rand des Grills abnimmt. So kann ich den Fisch in der Anfangsphase – die ersten 4–5 Minuten – kräftig angrillen und dann eher am Rand mehr ziehen lassen. Das gibt die optimale Kombination aus deutlichem Grillgeschmack und saftigem Fleisch.

Zeit Vorgangsweise für einen Fisch mit ca. 1 kg

Phase 1: kräftig angrillen, das dauert ca. 4–5 Minuten

Phase 2: mehr am Rand des Grills für weitere 10–12 Minuten grillen

Phase 3: erst jetzt wenden und auf der zweiten Seite bei mittlerer, eher milder Hitze (Man kann den Fisch, da die Glut über den Zeitraum einer Viertelstunde schon etwas nachlässt, ein bisschen mehr zur Mitte geben.) Nochmals 8–10 Minuten grillen. Das

Ganze ist natürlich schon auch eine Gefühlssache – und es ist wie mit den meisten Dingen auf dieser Welt: Übung macht den Meister.

Für das indirekte Grillen mit geschlossenem Deckel, können Sie in etwa die gleichen Zeiten ansetzen. Allerdings ist es sinnvoll, die Luftklappen leicht geöffnet zu halten, da der Rauchgeschmack nicht zu intensiv sein soll. Auch hier gilt, das Grillen am offenen Feuer erfordert mit Sicherheit mehr Fingerspitzengefühl, aber der natürlichere, den Eigengeschmack betonende Geschmack, lohnt den Aufwand!

Würzen Nicht von ungefähr steht bei mir das Würzen an dieser Stelle. Ganze Fische versehe ich für den Grillvorgang selbst ausschließlich mit Aromen. Z. B. frische Kräuter in die Bauchhöhle, oder bei ziselierten Fischen Aromen in Bauchhöhle und Einschnitte. Salz, Zitrone und Olivenöl zum gegrillten Fisch immer separat reichen, sodass der Eigengeschmack des Fisches voll zur Geltung kommt.

Ausnahme: Das Einpinseln mit etwas Öl und/oder Marinaden macht den Fisch etwas saftiger, verhindert sozusagen ein bisschen das Austrocknen und sorgt für eine appetitliche Optik!

Der optimale Garpunkt Mit dem Thermometer gemessen liegt dieser, wenn es an der dicksten Stelle am Rücken eingestochen wird, bei ca. 65°. Sie können auch mit einem scharfen, spitzen Messer einen kleinen Einschnitt am Rücken (hinter dem Kopf) machen und das Fleisch begutachten. Eine weitere, recht zuverlässige Methode ist das Einstechen einer „Gar-Nadel". Man lässt diese einige Sekunden stecken und hält sie dann an die Lippen. Wenn sie sich recht heiß anfühlt, ist der Fisch schon gar, sollte sie noch kühl sein, fehlen noch einige Minuten Garzeit.

SILL-SNAPPER MIT ZITRONE UND HIBISKUS-SALZ

Vorbereiten:

1	schöner Sill-Snapper (üblicherweise kommen Exemplare mit 800-1000 g in den Handel)
1	Zitrone
2	Lauchzwiebelchen
1 El	Hibiskus-Salz
40 ml	Olivenöl

Wenn Sie den Sill-Snapper, wie auf dem Bild zu sehen ist, in einem „Grill-Gitter" grillen, können Sie den Fisch auch schuppen und so die Bratzeit verkürzen. Die Haut behält beim Grillen die schöne Rosé-Färbung. Nun den Fisch schräg zum Kopf einschneiden. Die Einschnitte mit dünnen Zitronenscheiben, feinen Ringen von Lauchzwiebeln und etwas Hibiskus-Salz füllen, mit Olivenöl beträufeln und, wie auf Seite 58 und 60 angegeben, grillen. Hibiskus-Salz bekommen Sie im Feinkosthandel, es passt durch seine leicht säuerliche, fruchtige Note sehr gut zu Fisch.

Schmeckt perfekt

mit Romanesco-Kerbelwurzelsalat, Rouille oder Curry-Mango-Basilikumsauce.

Wein-Tipp

Hans Topf,
Strass
Riesling Heiligenstein
2007

Großer Riesling mit einem perfekten Mix aus exotischen, Stein- und Zitrusfrüchten, sehr mineralisch.

BRANZINO MIT LIMETTE UND CHILI

Vorbereiten:

1	schöner Branzino
1	Limette
1 gr	grüne oder rote Chilischote
2 gr	Schalotten

Den Fisch je nach Größe auf jeder Seite mit 3 bis 6 Schnitten ziselieren. Dann die Limette und die Chilischote heiß abwaschen und trocken reiben. Die Schale der Limette mit einem scharfen Messer ablösen. Möglichst ohne weiße Schalenanteile.

Die Chilischote in feine Ringe schneiden. Schalotte schälen und in 2 mm breite Ringe schneiden. Nun die Einschnitte und die Bauchhöhle mit Limettenschale, Chili und Schalotten füllen und, wie unter „Grillen von ganzen Fischen" angegeben, grillen.

ZANDER MIT FENCHEL UND PERNOD

Vorbereiten:

1	ganzer, schöner Zander
1 El	Fenchelsamen
1 kl	Fenchel
50 g	Butter
40 ml	Pernod
	Salz, Pfeffer

Zander, wie auf Seite.... beschrieben, vorbereiten. Den Fisch je nach Größe auf jeder Seite mit 3 bis 6 Schnitten ziselieren. Innen und außen leicht salzen und pfeffern. Den Fenchel längs in Streifen schneiden und in die Bauchhöhle des Zanders füllen. Die Fenchelsamen in die Einschnitte streuen und den Fisch, wie auf Seite 58 und 60 beschrieben, grillen. Die Butter schmelzen und den Zander in den letzten Minuten des Grillens mit der Butter bepinseln. Vor dem Servieren den Zander mit heißem Pernod flambieren und sofort servieren.

Schmeckt perfekt

mit Fenchel-Orangensalat, gegrillten Artischocken und Auberginen-Lauchzwiebelgemüse.

Wein-Tipp

Weingut Stadlmann,
Traiskirchen
Zierfandler Mandel-Höh
2006

Anspruchsvolle Weinspezialität mit Aromen von Mandarinen, Nüssen und feinen vegetabilen Noten.

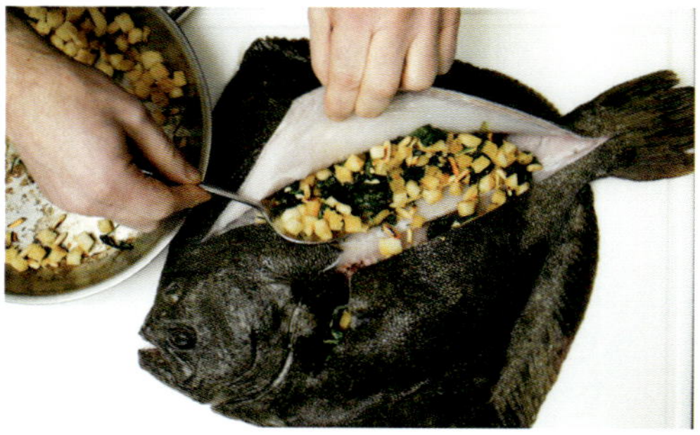

GEFÜLLTER STEINBUTT IN DER FOLIE GEGRILLT

Vorbereiten für einen Steinbutt mit 2 kg:

1	Steinbutt mit ca. 2 kg
150 g	Baby-Spinat
40 g	Butter
2	Knoblauchzehen
	Salz, Pfeffer, Muskat
50 g	Pinienkerne
4	Scheiben Toastbrot
30 g	Butterschmalz

Den Steinbutt unter fließendem, kaltem Wasser sorgfältig abwaschen. Dann die oberen Filets (dunkle Seite) von der Mittelgräte her ablösen, aber so, dass sie außen noch mit dem Fisch verbunden sind und sich so links und rechts zwei Taschen bilden (siehe Fotos).

Butter bräunen und ungeschälte Knoblauchzehen leicht andrücken. Kurz in der braunen Butter durchschwenken, dann den gewaschenen und sehr gut abgetropften Spinat dazugeben und unter kurzem Durchschwenken zusammenfallen lassen. Mit Salz, Pfeffer und frisch geriebenem Muskat würzen. Die Pinienkerne in einer heißen Pfanne ohne Fett leicht bräunen und zum Spinat geben. Dann das Butterschmalz in der Pfanne erhitzen und darin das in kleine Würfel geschnittene Toastbrot knusprig rösten. Auch diese Croutons mit dem Spinat vermischen und alles zusammen in den Steinbutt füllen. Alufolie mit Butter bepinseln, den gefüllten Fisch vorsichtig darauf legen und sorgfältig komplett einschlagen. Den Fisch jetzt mit der gefüllten Seite nach unten auf den Rost legen und bei mittlerem Rostabstand und noch recht kräftiger Glut ca. 20 Minuten grillen, dann vorsichtig umdrehen und nochmals 15–20 Minuten grillen. Danach in der Folie noch einige Minuten nachziehen lassen und erst unmittelbar vor dem Servieren die Folie öffnen, sodass der Fisch sein köstliches Aroma verströmen kann.

DAS GRILLEN VON FISCH-FILETS, TRANCHEN UND STEAKS

Das Grillen von Filets, Tranchen und Steaks ist doch einfacher umzusetzen als ganze Fische. Die Garzeiten sind kurz. Wichtig ist nur, die einzelnen Stücke leicht eingeölt auf ganz saubere und geölte Grillroste (-stäbe) zu legen, das Ankleben ist hier eigentlich das größte Problem.

Portionen Man rechnet für einen Hauptgang 200–250 g Filet, für Vorspeisen hingegen kommt man mit 150–200 g aus.

Hitze Der Abstand vom Rost zur Glut darf nicht zu groß sein. Die Glut darf auch noch leicht rotglühend sein und muss nicht wie bei den ganzen Fischen vollständig mit einer Ascheschicht überzogen sein.

Zeit Filets sind je nach Dicke und Fischart nach 2–4 Minuten grillen, auf jeder Seite optimal gar. Ich werde darauf genauer bei den einzelnen Rezepten eingehen.

Würzen Filets, Tranchen und Steaks durchaus vor dem Grillen würzen oder auch leicht marinieren. Als Regel gilt, dass Fische mit höherem Fettgehalt wie z. B. Lachs weniger mariniert oder mit Öl bepinselt werden müssen als magere, wie z. B. St. Pierre oder Seeteufel.

Der optimale Garpunkt Kann bei Filets leichter abgeschätzt werden. Meist wird frischer Fisch zu lange gegrillt und ist dann trocken und hart. Beachten Sie die einzelnen Rezepte.

LACHSKOTELETTE MIT MANGO UND PAPAYA

Vorbereiten für 8 Portionen:

8	schöne Lachskotelettes (Man nennt diese Schnittart auch „Butterfly".)
1 kl	Bund Koriander
1	Zitrone
30 ml	Hoisin-Sauce (siehe Seite 171)
1	Mango
1 kl	Papaya
	Meersalz, Cayennepfeffer, Pfeffer aus der Mühle,
	etwas gemahlener Koriander
20 ml	Erdnussöl

Die Mango mit einem scharfen Messer abschälen und in Scheiben schneiden, diese dann würfeln. Die Papaya der Länge nach halbieren und mit einem Löffel die Kerne entfernen. Dann die Schale abschneiden. Das geht am besten, indem man die Schnittfläche auf ein Brett legt und dann vorsichtig mit einem scharfen Messer die Schale abschneidet. Dann längs in Streifen schneiden und diese dann würfeln. Koriander hacken, und die Schale der Zitrone mit einem scharfen Messer so abschneiden, dass möglichst keine weißen Schalenanteile dabei sind, dann in ganz feine Streifen schneiden.

Erdnussöl mit Cayennepfeffer und gemahlenem Koriander mischen, dann damit die Lachskotelettes schwach einpinseln und auf den Grill legen. Bei geringem Abstand und kräftiger Glut 3–4 Minuten grillen, dann wenden und nochmals 2 Minuten grillen und in eine Grill-Edelstahl-Wanne oder in eine Alu-Grill-Tasse legen, mit den Früchten, Koriander und Zitronenschale bestreuen, leicht salzen und pfeffern und mit Hoisin-Sauce beträufeln. Jetzt müssen nur noch die Früchte heiß werden. Idealerweise ist das Timing so abgestimmt, dass die Lachskotelettes an der Mittelgräte noch glasig sind.

Schmeckt perfekt

mit Curry-Mango-Basilikum- oder Erdnuss-Kokossauce, Asia-Salat „Yam Son" oder Gewürztabouleh.

SEETEUFEL-MEDAILLONS IM SPECKMANTEL MIT ZITRONENGRAS

Vorbereiten für 6 Portionen:

1	mittelgroßer Seeteufel
18	Scheiben dünn aufgeschnittener Bauchspeck
1 Bd	Zitronengras
	Salz, Pfeffer aus der Mühle

Seeteufel mit einem scharfen Messer von der Mittelgräte her schneiden und dann sauber die Haut abziehen. Danach jedes Filet in neun gleich große Medaillons schneiden. Die Stücke in Richtung Schwanzende werden daher immer ein bisschen größer geschnitten. Das letzte Stück bis zur Mitte einschneiden und umklappen, so erhält es auch eine medaillonartige Form. Nun die einzelnen Stücke mit den dünnen Speckscheiben umwickeln. Dabei darauf achten, dass diese frei von Knorpeln sind. Am dicken Ende des Zitronengrases wenig abschneiden, nur so, dass es auseinander geblättert werden kann. Die mittleren, festeren Teile eignen sich als „Spieße". Es ist aber ratsam, da sich die Zitronengrasblätter doch immer etwas verbiegen, die Medaillons mit einem eher dicken Metallspieß vor zu stechen. Dann werden die Medaillons bei geringem Rostabstand und kräftiger Glut auf jeder Seite 3 Minuten gegrillt. Nur leicht mit Salz und Pfeffer würzen, fertig.

Wein-Tipp

Sepp Moser,
Rohrendorf
Grüner Veltliner
Schnabel 2007

Ein mächtiger, gelbfruchtiger, würziger, typischer Veltliner mit eigenständiger „burgundischer" Art.

Schmeckt perfekt

mit Whisky-Barbecuesauce, Chili-Knoblauch- oder Curry-Zitrus-Butter, Zucchini-Täschchen oder gegrillten Gemüsezwiebeln, Artischocken, Zucchini und Paprika.

SPIEß VOM DRACHENKOPF UND KABELJAU MIT TAMARILLOS UND PAPAYA

Vorbereiten für 8 Spieße:

600 g	Filet vom Drachenkopf
600 g	Filet vom Kabeljau
1	Tamarillo
1 kl	Papaya
	Meersalz, Cayennepfeffer, Pfeffer aus der Mühle,
	etwas gemahlener Koriander
20 ml	Erdnussöl

Die Tamarillo mit einem scharfen Messer abschälen und in Scheiben schneiden. Die Papaya der Länge nach halbieren und mit einem Löffel die Kerne entfernen. Dann die Schale abschneiden. Das geht am besten, indem man die Schnittfläche auf ein Brett legt und dann vorsichtig mit einem scharfen Messer die Schale abschneidet. Dann quer in halbe Scheiben schneiden. Wenn diese Stücke immer noch zu groß sind, einfach halbieren.

Die Filets ebenfalls in ca. 3–4 cm große Würfel schneiden. Dann abwechselnd mit den Früchten auf die Spieße stecken. Erdnussöl mit Cayenne und gemahlenem Koriander mischen, dann damit die Spieße schwach einpinseln und diese auf den Grill legen. Bei geringem Abstand und kräftiger Glut 3 Minuten grillen, dann wenden und nochmals 2–3 Minuten grillen. Vor dem Wenden nochmals leicht mit dem Gewürzöl bepinseln und erst vor dem Servieren mit etwas Meersalz und Pfeffer würzen.

Wein-Tipp

Weingut Ewald Gruber,
Röschitz
Grüner Veltliner
Hundspoint 2007

Vollmundig und charmant, reife Pfirsich- und Melonenfrucht, würzig nach Tabak und Schwarztee.

Schmeckt perfekt

mit Guacamole, Kichererbsendipp, Erdnuss-Kokossauce und würzigem Glasnudelsalat.

ST. PIERRE MIT OLIVEN-TAPENADE

Vorbereiten für 8 Portionen:

8	Filets vom St. Pierre
100 ml	Tapenade von grünen (oder intensiver schwarzen) Oliven
1	Zitrone
	Meersalz, Pfeffer aus der Mühle
30 ml	natives Olivenöl

Das Filetieren eines St. Pierres ist nicht ganz einfach, aber leider wird dieser köstliche Fisch oft nur im Ganzen angeboten. Wenn aber einmal der Anfang gemacht ist, lassen sich die völlig grätenfreien Filets doch einfach ablösen. Dazu mit einem scharfen Messer ca. $^{1}/_{2}$ cm vom kräftig mit Stacheln bewehrten Rand des Fisches steil einschneiden und zwar auf beiden Seiten, vom Kopf bis zum Schwanzende. Dann die Gräten als Führung verwenden und die Filets sauber ablösen. Diese dann auf der Hautseite bei kräftiger Glut und mittlerem Rostabstand 3–4 Minuten grillen, wenden und 2–3 Minuten fertig grillen. Tapenade mit Olivenöl verrühren. Wichtig ist nun, die Tapenade auf den Salzgehalt zu prüfen, also einfach zu kosten, davon abhängig den Fisch nach Bedarf noch etwas würzen. Die Filets mit Zitronensaft beträufeln und reichlich mit Tapenade bedecken. Sofort servieren.

Schmeckt perfekt

mit Rouille oder Safran-Aioli, frischem Weißbrot und Blattsalaten. Mit Kartoffel „Tricolore“ oder gegrillten Artischocken ein echtes kulinarisches Feuerwerk.

THUNFISCH-STEAKS MIT SESAM

Vorbereiten für 8 Portionen:

8	Thunfischsteaks à 180 g
30 ml	helle Soyasauce (oder ganz leicht mit Wasser verdünnt)
	Meersalz, Pfeffer aus der Mühle
10 g	weißer Sesam
10 g	schwarzer Sesam

Die Thunfischsteaks einige Minuten unter mehrmaligem Wenden in Soya-Sauce marinieren. Abtropfen und mit schwarzem und weißem Sesam bestreuen. Dann grillen.

Rare:	1 Minute auf jeder Seite (Fisch ist fast roh, aber köstlich)
Medium:	2 Minuten auf jeder Seite (So mögen es fast alle.)
Medium well:	3 Minuten auf jeder Seite (Aufpassen, ein Tick zuviel, und das Steak ist trocken.)

Wein-Tipp

Johanneshof-Reinisch,
Tattendorf
Zweigelt Reserve
2006

Intensive Kirsch- und dunkelbeerige Frucht, cremig und mit feinen Röstaromen, moderner Stil.

Schmeckt perfekt

mit Hoisin-, Cocktail- oder Erdnuss-Kokossauce, würzigem Glasnudel-, Romanesco-Kerbelwurzel- oder Fenchel-Orangensalat.

SEETEUFEL AUF ZEDERNHOLZ MIT ROSA-PFEFFER-THYMIAN-BUTTER

Vorbereiten für 6 Portionen:

3	Seeteufelfiletstücke à 300 g
200 g	Rosa-Pfeffer-Thymian-Butter (siehe Seite 163)
	Salz, Pfeffer, Cayennepfeffer
3	Zedernholzbrettchen (aus dem Grill-Fachgeschäft)

Planking ist das Zauberwort. Diese Zubereitung besticht durch das herrliche Aroma des Zedernholzes mit dem rauchigen Duft und Geschmack, der durch das Garen im Grill mit geschlossenem Deckel entsteht.

Das Holzbrett mindestens eine Stunde in kaltem Wasser einweichen. Man muss die Brettchen beschweren, damit sie sich rundherum mit Wasser vollsaugen können. Dann die Fischfilets der Länge nach einschneiden, aufklappen und auf die Brettchen legen. Mit Salz, Pfeffer und Cayennepfeffer würzen und mit dünnen Scheiben der Buttermischung belegen. Dann in den Smoker bei direkter Hitze, aber eher milder Glut legen und bei geschlossenem Deckel 15 Minuten garen. Zwischendurch kontrollieren, ob die Brettchen nur glimmen oder Feuer fangen. Im Ernstfall mit etwas Wasser löschen und in einen Bereich ohne direkte Glut im Grill ausweichen. Die Garzeit wird sich dann um ein paar Minuten verlängern.

MEERESFRÜCHTE

Meeresfrüchte haben gewiss ihren Preis. Allerdings sind sie auf jeder Grillparty die Stars. Ob Scampi, Riesengarnelen, Tintenfische oder gar Hummer und Langusten – alle sind verrückt danach. Grillen ist für die meisten Meeresfrüchte eine ideale Zubereitungsart, da durch das Verbrennen der Schalen und Panzer herrliche Röstaromen entstehen, die den Eigengeschmack noch unterstreichen.

Austern:

Die Arten-Vielfalt ist groß und verwirrend, also werde ich mich auf die gängigsten Sorten konzentrieren. Grundsätzlich unterscheidet man zwischen Crassostrea, auch Felsenauster genannt, und Ostrea edulis. Die bekanntesten Vertreter sind nach ihrer Herkunft Fines de Claires, die in Frankreich in der Gegend von Marennes gezüchtet werden, und die französische Belon-Auster. Größter Unterschied ist die Form: Erstere sind eher länglich, zweitere eher rund. Die Methode des Öffnens ist ebenfalls bei beiden Arten anders. Während die Fines de Claires von der Seite geöffnet werden, bricht man die Belon an der spitzen, hinteren Seite auf. Die häufigsten Crassostrea-Sorten sind Sylter Royal, Fines de Claires, Portugiesische Felsen-Auster, um nur einige zu nennen. Die wichtigste Rund-Auster ist mit Sicherheit die Belon. Ich persönlich bevorzuge die mild-aromatische Galway und die Nordsee-Auster Colchester. Zum Grillen sind sie alle gleichermaßen geeignet.

Hummer:

Der Hummer ist und bleibt Synonym für Luxus-Küche und ist das edelste aller Krustentiere. Man unterscheidet zwischen europäischem und amerikanischem Hummer. Durch Überfischung sind die europäischen (bretonischen) Hummer stark dezimiert, daher auch wesentlich teurer als die gezüchteten amerikanischen Kollegen. Bretonische Hummer haben eine schöne blau-schwarze Farbe mit creme- bis orangefarbenen Flecken und Rändern an den Scheren. Dagegen sind die amerikanischen Hummer dunkler, eher braun-schwarz-rot. Auch nach dem Abkochen kann dieser Unterschied – vor allem die Flecken, die sich nicht rot verfärben – ausgemacht werden. Der Qualitätsunterschied rechtfertigt den Preisunterschied. Hummer werden noch lebend in kochendes Wasser gegeben und somit getötet. Ethisch für mich vertretbar, aber eine Entscheidung, die jeder Einzelne für sich selbst treffen muss. Das Töten von Tieren ist Teil unserer Ernährung – einzig die vegetarische Küche wäre dazu eine Alternative. Das wird leider oft vergessen. Artgerechte Haltung ist für mich von der Wachtel bis zum Büffel ein Muss und ich kontrolliere das, so oft ich die Möglichkeit habe und es gesichert überprüfen kann. Im Zweifelsfall verzichte ich auch auf Produkte, die umstritten sind. Aber bitte immer mit Augenmaß und einem Blick für das Ganze. Manchmal habe ich den Eindruck, dass gerade gegenüber den Luxus-Produkten Widerstand leicht zu mobilisieren ist, das aber mit tier-ethischen Überlegungen oft wenig zu tun hat.

Zurück zum Grillen: Die Kochzeit für Hummer liegt je nach Größe bei 5–7 Minuten. Nach dem Kochen müssen sie in Eiswasser abgeschreckt werden, einerseits um den Garvorgang zu stoppen, andererseits um einer „Verkleisterung", die das köstliche Fleisch zäh macht, vorzubeugen. Dann werden die Hummer mit der Schale halbiert und, wie im Rezept beschrieben, gegrillt.

Langusten:
Langusten haben ein festes, weißes Schwanzfleisch, das dem des Hummers in nichts nachsteht. Die hauptsächliche Unterscheidung liegt darin, dass die verschiedensten Langustenarten keine Scheren haben. Im Handel werden selten lebende Tiere, sondern in erster Linie tiefgekühlte Langustenschwänze angeboten. Ich persönlich bevorzuge die karibische Languste und Rocklobster, die in gut sortierten Fischgeschäften angeboten werden.

Garnelen:
Shrimps sind sicherlich jedem bekannt und werden in den unterschiedlichsten Qualitäten angeboten. Sind sie rot, kann davon ausgegangen werden, dass sie bereits vorgegart sind, was bei der weiteren Verarbeitung berücksichtigt werden muss. Halten Sie deshalb Ausschau nach Bio-Shrimps oder Bio-Garnelen. Die größeren Vertreter wie die Tigerprawns mag ich persönlich am liebsten. Aber Vorsicht bei den ganz großen, wie z. B. der Schiffskiel-Garnele. Sie ist die größte in der Familie und sieht zwar sehr delikat aus, ihr Fleisch ist aber trotz hohem Preis eher mittelklassig. Vor dem Grillen schneide ich mit einer Schere die Flossen ab und halbiere die Garnelen bereits in der Schale. Dann den Darm entfernen und auf der Fleischseite 1–2 Minuten grillen, wenden und dann mit der Schale nach unten in ca. 3 Minuten fertig grillen.

Scampi:
Werden oft mit Garnelen sowohl verbal als auch tatsächlich verwechselt. Der echte Scampo oder Kaiser-Granat ist nicht nur wesentlich teurer, er kommt auch frisch auf Eis in den Handel. Wer einmal in der Cinque Terre (Ligurien) ein simples Tatare von rohen, frischen Scampi mit Zitrone, Olivenöl und etwas frischem Rucola genossen hat, wird wohl den Unterschied ein Leben lang vor Augen haben. Zum Grillen halbiere ich größere Exemplare der Länge nach, kleinere grille ich im Ganzen.

Muscheln:

- Miesmuscheln eignen sich aufgrund der kurzen Garzeit in Folie perfekt fürs Grillen.
- Venusmuscheln brauchen zwar etwas länger, sind aber ebenso perfekt fürs Grillen in der Folie geeignet.
- Jakobsmuscheln mit ihrem weißen, festen Fleisch sind ein Grill-Vergnügen. Auf gut gereinigtem, geöltem Rost auf beiden Seiten bei kräftiger Glut 3 Minuten grillen. Ihr nussiges, leicht süßliches Aroma harmoniert mit allen Dipps und Saucen, speziell mit Safran-Aioli, Erdnuss-Kokossauce und Chilisauce süß-sauer.
- Mittelmeer-Schwertmuscheln, nur 1–2 Minuten in der Schale gegrillt, sind eine Delikatesse, allerdings sind sie oft sehr sandig.

Kalmare:
Tintenfische (Kalmare) sind ideal fürs Grillen geeignet. Kleinere Tintenfische schmecken im Ganzen oder gefüllt herrlich. Größere „Tuben" – so nennt man die Körper – sind im Handel sowohl frisch als auch gefroren erhältlich. Kurz gegrillt, mit aromatisierten Ölen, Knoblauch und Kräutern eine Delikatesse. Aus China kommen gefrorene Steaks von Riesen-Kalmaren in den Handel. Diese sind besonders zart und lassen sich auf vielfältige Art zubereiten. Allgemein gilt, dass man Tintenfische nicht zu lange garen sollte, da sie ansonsten zäh werden.

GEGRILLTE AUSTERN

Vorbereiten für 6 Portionen:

3	Dutzend Austern

Austern vom Grill sind besonders delikat. Meist kennt man sie nur frisch geöffnet. Aber versuchen Sie einmal die frisch geöffneten Austern auf dem Grill zu garen. Dazu vorsichtig die geöffneten Austern auf den Grill setzen und zwar möglichst gerade, damit nichts von dem köstlichen Saft auslaufen kann. Dann dauert es rund 4–5 Minuten bei kräftiger Glut und geringem Rostabstand, bis die Austern zu schmurgeln beginnen. Danach nur mit etwas Sauce würzen und fertig ist ein exklusiver Hochgenuss.

Schmeckt perfekt

mit Hoisin-, Erdnuss-Kokos-, Cocktail- oder Whisky-Barbecuesauce, süß-saure Chilisauce, Rouille oder Safran-Aioli. Austern sind sehr vielseitig kombinierbar.

MIT SCHWARZWURST GEFÜLLTE MINI-TINTENFISCHE

Vorbereiten für 6 Portionen:

18 kl	Tintenfische
200 g	Schwarzwurst (eher weiche Blutwurst)
1 kl	Bund Petersilie
1 kl	Zwiebel
6	Scheiben Toastbrot
1	Ei
40 g	Butterschmalz
	Salz, Pfeffer, Muskat

Tintenfische vorbereiten und sauber auswaschen.
Mit Küchenpapier trocken tupfen. Für die Füllung die Toastbrotscheiben fein würfeln und in Butterschmalz anschwitzen. Zwiebel fein schneiden, Petersilie hacken und ebenfalls anschwitzen. Schwarzwurst fein schneiden, mit den Brotwürfelchen, Petersilie, Zwiebeln und dem Ei gut vermischen. Mit Salz, Pfeffer und Muskat abschmecken und in die Tintenfische füllen. Tintenfische mit Zahnstocher verschließen und bei mittlerer Hitze ca. 10 Minuten grillen.

Wein-Tipp

Weingut Wieninger,
Wien-Stammersdorf
Chardonnay Select

Kräftige, noble Holzwürze, Zimt und Vanille, dicht und extraktreich, vollmundig und gelbfruchtig.

Schmeckt perfekt

mit Rouille, Gurken-Relish, Kartoffelsalat und Rote-Rüben-Salat.

CALAMARI-STEAKS MIT OLIVEN-TOMATEN-BRUSCHETTE

Vorbereiten für 6 Portionen:

1	Toskanisches Weißbrot oder großes Baguette
100 g	schwarze Oliven
80 ml	Olivenöl
	frisches Basilikum
1 kg	frische Tomaten
1	Knoblauchzehe
1 kl	Zwiebel
6	Calamari-Steaks
1	Zitrone
	Meersalz, Pfeffer

Tomaten kreuzweise einschneiden und in kochendes Wasser tauchen. Nicht länger als 10 Sekunden. Dann in Eiswasser geben und die Haut abziehen. Nun die Tomaten vierteln, entkernen und das Fruchtfleisch grob würfeln. Zwiebel und Knoblauch fein hacken. Oliven entsteinen und in Spalten schneiden. Basilikum waschen und gut abtropfen. Nur grob durchhacken. Dann Tomaten, Oliven, Basilikum, Knoblauch, Zwiebel mit 50 ml Olivenöl mischen und mit etwas Meersalz abschmecken.
Brot in Scheiben schneiden und bei kräftiger Hitze rösten. Mit 30 ml Olivenöl beträufeln und dann die Tomaten-Olivenmischung auf die Bruschette häufen.

Calamari-Steaks werden aus großen Tintenfischen geschnitten, sind sehr zart und werden auf beiden Seiten bei geringem Rostabstand und mittlerer Hitze je 3–4 Minuten gegrillt. Nur leicht würzen und mit etwas frisch gehackten Kräutern bestreut, so schmecken sie am besten.

Schmeckt perfekt

als Vorspeise und vor allem in Kombination mit anderen Meeresfrüchten. Das zarte Aroma und der feine leicht nussige Geschmack vertragen keine zu starken Aromen. Deshalb Vorsicht beim Kombinieren mit Dipps und Saucen.

Wein-Tipp

Weingut Tement,
Grassnitzberg 2007
Sauvignon Blanc

Cassis, Kräuter, gelbe Paprika und etwas Grapefruit. Viel Frucht und Würze. Lang anhaltend und noch (zu) jung.

HUMMER MIT SCHALOTTEN-CURRY-BUTTER

Vorbereiten für 6 Portionen:

3	Hummer mit ca. 600–800 g
150 g	Schalotten
100 g	Butter
1 El	scharfes Currypulver

Hummer müssen, da sie lebend angeboten werden, in kochendem Wasser getötet werden. Das geht am schonendsten in einem ausreichend großen Topf mit wallend kochendem Wasser. Nun ca. 7 Minuten kochen. Das Kochen an sich gart den Hummer schon teilweise durch, das heißt die Grillzeit richtet sich auch nach der Kochzeit – insgesamt ca. 15–18 Minuten. Dann in kaltem – am besten in Eiswasser – abschrecken, damit das Hummerfleisch nicht „verkleistert" und zäh wird. Anschließend abtropfen lassen und mit einem scharfen Messer, wie in der Bildfolge angegeben, halbieren. Nun die Hummerhälften kurz auswaschen, trocken tupfen und die Fleischseite ca. 4 Minuten grillen. Wenden und nochmals 6 Minuten grillen. Kräftige Glut und knapper Rostabstand sorgen dafür, dass die Schalen leicht ankohlen, was für das typische Aroma eines gegrillten Hummers verantwortlich ist.

Für die Schalotten-Curry-Butter die Schalotten schälen, in feine Würfelchen schneiden und dann ganz langsam in der Butter glasig, goldbraun werden lassen. Am Schluss das Currypulver mitrösten und damit die Fleischseite der fertig gegrillten Hummer satt bestreichen.

Schmeckt perfekt

mit Marillen-Chutney, Curry-Mango-Basilikumsauce, Erdnuss-Kokossauce oder süß-saure Chilisauce. Auch herrlich zu würzigem Glasnudelsalat oder Romanesco-Kerbelwurzelsalat.

KAISERGRANAT MIT KRÄUTERN UND ZITRONE

Vorbereiten für 6 Portionen:

2 kg	Kaisergranat
	frische Kräuter nach Verfügbarkeit (Kerbel, Petersilie, Schnittlauch, Bärlauch, Estragon, Dill)
1	Zitrone
	Salz, Pfeffer, Cayennepfeffer, Five-Spice

Die Kaisergranat mit einem großen, scharfen Messer, wie am Bild zu sehen, teilen. Den Darm entfernen und die Fleischseite leicht mit Olivenöl einpinseln. Dann mit etwas Cayenne, Five-Spice, Salz und Pfeffer würzen und bei geringem Rostabstand und kräftiger Glut eine Minute grillen, dann wenden und nochmals 3–4 Minuten grillen. Die Kräuter waschen und gut abtropfen lassen. Die Zitrone heiß abwaschen, trocken reiben und mit einem scharfen Messer die Schale ganz dünn abschneiden. Dann Kräuter und Zitronenschale fein hacken und alles zusammen über die frisch gegrillten Kaisergranat streuen. Mit Zitronensaft und Olivenöl beträufeln und sofort genießen.

Schmeckt perfekt

mit Romanesco-Kerbelwurzelsalat, Asia-Salat „Yam Son", würzigem Glasnudelsalat, in Kombination mit den verschiedensten Dipps.

MIESMUSCHELN IN DER FOLIE GEGART

Vorbereiten für 6 Portionen:

1 kg	Miesmuscheln
1	Karotte
1 kl	Zwiebel
150 g	Lauch
100 g	Staudensellerie
	frische Petersilie
$^{1}/_{8}$ l	Weißwein

Muscheln unter fließendem Wasser kurz abwaschen und den Bart entfernen. Dann das Gemüse und den Zwiebel fein würfeln und die Petersilie hacken. Ein großes Stück Alufolie doppelt auf die Arbeitsfläche legen. Die Muscheln und das Gemüse drauflegen und eine Art Schüssel aus der Alufolie formen. Dann den Weißwein und das Olivenöl über die Muscheln schütten und nun ein schönes Paket aus der Alufolie formen. Es ist wichtig, dass die Muscheln gut eingepackt sind, damit sie im eigenen Sud köcheln können und durch den entstehenden Dampf sanft gegart werden. Das dauert nur wenige Minuten.

Wein-Tipp

Weingut Knoll,
Loiben
Grüner Veltliner
Federspiel Kreutles 2007

Sortentypisch kräuterwürzig, Grapefruit und Apfel, frisch fruchtig und knackig, eher feingliedrig.

Schmeckt perfekt

mit frischem Baguette und einem Glas Weißwein.

ROCKLOBSTER „TANDOORI“

Vorbereiten für 6 Portionen:

18	Rocklobster-Schwänze
1	Glas Tandoori-Paste (siehe Seite 180)

Der Rocklobster gehört zur Familie der Langusten. Sein festes, leicht süßliches Fleisch ist in Kombination mit Tandoori-Gewürz unschlagbar. Tandoori-Gewürz ist eine Mischung aus Garam-Masala und Chili- bzw. Paprikapulver. Mit Öl vermischt wird es auf die Fleischseite der längs halbierten Rocklobster gestrichen. Ca. 1 Stunde einwirken lassen und dann die Rocklobster auf der Fleischseite 2–3 Minuten grillen, wenden und nochmals 3–4 Minuten grillen. Idealerweise mit kräftiger Glut und geringem Rostabstand.

Schmeckt perfekt

mit Guacamole-Dipp, Curry-Mango-Basilikumsauce oder Erdnuss-Kokossauce. Auch herrlich zu würzigem Glasnudelsalat.

CREVETTEN-SPIESS

Vorbereiten für 6 Portionen:

36	Crevetten
1 Tl	schwarzer Sesam
1 El	geschnittener Schnittlauch
20 ml	Olivenöl
	Salz, Pfeffer, Cayennepfeffer, Five-Spice

Crevetten am besten immer zweimal mit dem Spieß durchstechen, dann haben sie einen festeren Halt und drehen sich beim Wenden nicht am Spieß. Überhaupt hat der Spieß gegenüber den losen Crevetten in der Handhabung deutliche Vorteile. Dann auf den gründlich gereinigten Rost legen, bei kräftiger Glut und geringem Rostabstand auf beiden Seiten grillen. Die fertig gegrillten Crevetten mit Olivenöl betreufeln, mit Schnittlauch und Sesam bestreuen. Ganz zart mit den oben genannten Gewürzen abschmecken.

Schmeckt perfekt

zu würzigem Glasnudelsalat. Sehr vielseitig kombinierbar mit den verschiedensten Saucen und Dipps.

Wein-Tipp

Weingut Juris,
Gols
Chardonnay Reserve
2006

Butterscotch und Biskuit, Haselnuss, Stachelbeere, Bitterorangen. Hält am Gaumen, was der Duft verspricht.

TIGER-PRAWNS „CAJUN“

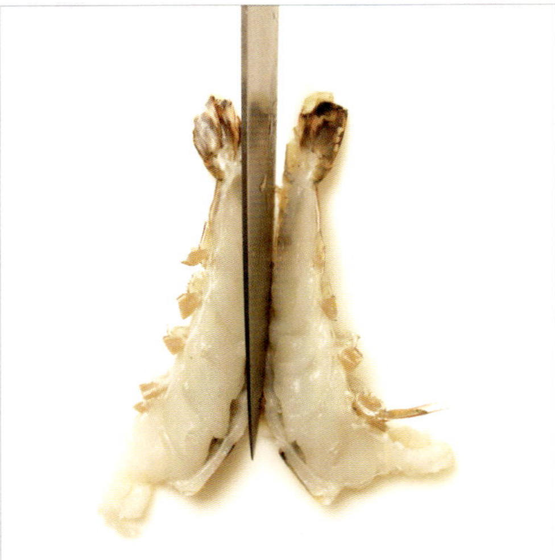

Vorbereiten für 6 Portionen:

1 kg	Riesen-Crevetten
	etwas Cajun-Gewürz

Cajun-Gewürz gibt es als Gewürzmischung fertig zu kaufen. Im Wesentlichen besteht es aus Pfeffer, Cayennepfeffer, Zwiebel- und Knoblauchpulver, Thymian, Senfpulver und ein Hauch Kreuzkümmel.

Oft werden Riesen-Crevetten auch Scampi genannt. Das ist irreführend, denn mit Scampi meint man den Kaisergranat. Diese sind zarter im Fleisch und besonders als Frischware sehr teuer.

Meine Lieblingsgröße bei den Riesen-Crevetten ist die 8/12 er. Diese Größe ist ideal zum Grillen. Optisch ansprechend ist es, wenn man die Crevetten mit einem scharfen Messer der Länge nach aufschneidet, aber nicht ganz durchschneiden, sondern, wie am Bild zu sehen, einfach aufklappen. Zuvor mit einer Schere die kleinen „Flossen“ an der Unterseite abschneiden. Dann kann der Darm entfernt werden. Nun auf der Fleischseite bei kräftiger Glut 1–2 Minuten grillen, dann wenden und nochmals 2 Minuten fertig grillen. Riesen-Crevetten dürfen ruhig noch ein bisschen glasig sein, aber nicht zu roh, denn dann bleibt das Fleisch eher zäh und entfaltet nicht den vollen Geschmack!

Wein-Tipp

Weingut Gross,
Ratsch
Weißburgunder Ratscher
Nussberg 2006
Ein Monumentalwein. Karamell und Vanille, Apfel und Marille. Kraftvoll und extraktsüß, Nougat und reife Gelbfrucht im enormen Hall.

Schmeckt perfekt

mit Marillen-Chutney, das ist eine herrliche fruchtige Variante, Riesen-Crevetten an sich sind sehr vielseitig kombinierbar.

GEFLÜGEL

ENTENBRUST

Vorbereiten für 8 Portionen:

4	Entenbrüste
	Salz, Pfeffer

Das Grillen von Entenbrüsten erfordert sehr viel Gefühl. Ich beginne auf der Hautseite und grille die Brüste bei mittlerem Rostabstand und milder Glut. Das Problem ist das abtropfende Fett der Entenbrüste, das sich gerne in der Glut entzündet. Dann entstehen sofort Flammen und die Brüste werden nicht nur rußig schwarz, sondern bekommen auch einen unangenehm verbrannten Geschmack. Was kann man dagegen tun? Das Patentrezept ist mehrmaliges Wenden. Man hat damit zugegebener Maßen schon einige Arbeit, aber es lohnt sich allemal. Der Geschmack einer perfekten Entenbrust ist genial. Die Bratzeit beträgt insgesamt 14–18 Minuten, je nach Größe der Brust und nach dem gewünschten Garungs-Grad. Das Salzen und Pfeffern soll nach dem Grillen passieren. Versuchen Sie einmal das Fleisch pur und ungewürzt, so schmeckt es herrlich frisch und authentisch.
Prinzipiell gilt: Die Marinaden erst ab der Mitte der Bratzeit einpinseln, da sie sonst gerne verbrennen und/oder durch das austretende Fett abfließen.

Beim Grillen mit geschlossenem Deckel die Brüste auf jeder Seite über direkter, starker Hitze ca. 3–4 Minuten grillen, dann nochmals 4–6 Minuten über indirekter, starker Hitze fertig garen. Die Brüste für 3–5 Minuten bei geöffnetem Deckel ruhen lassen.

Schmeckt perfekt

mit würzigem Glasnudelsalat, Blattsalate mit Blauschimmelkäse, Feigen und Picada, Sellerie-Ananas-Salat mit Walnüssen. Folgende Dipps sind dazu meine Favoriten: Erdnuss-Kokossauce, süß-saure Chilisauce, Marillen-Chutney.

Wein-Tipp

Weingut Nittnaus,
Gols
Pannobile 2006

Tiefe Cassisfrucht mit sauberen Holznoten, saftig und kraftvoll, komplex und „sehr österreichisch".

FASAN IM SPECKMANTEL MIT ROSMARIN

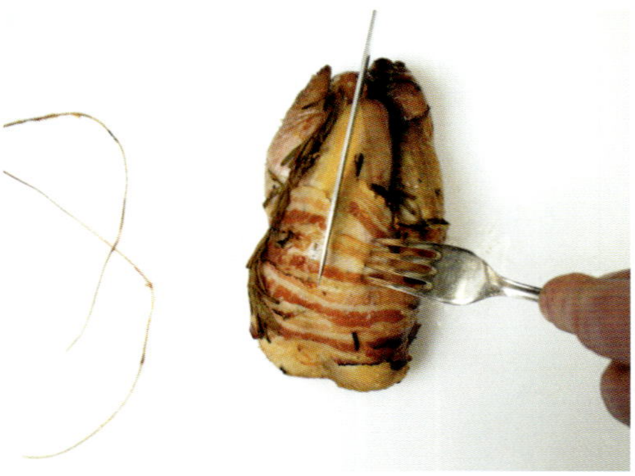

Vorbereiten für 6 Portionen:

3	Fasane gerupft
	Salz, Pfeffer, Five-Spice oder Wildgewürzmischung
24	Scheiben Hamburger Speck
1 Bd	Rosmarin

Die Fasane innen und außen mit kaltem Wasser abwaschen, trocken tupfen. Dann mit Wildgewürzmischung oder Salz, Pfeffer und Five-Spice innen und außen würzen. Mit Rosmarinnadeln bestreuen und mit den Speckscheiben umwickeln. Diese müssen dann mit einer Bratenschnur fixiert und festgebunden werden. Dazu legen Sie die einzelnen Fasane auf den Rücken und ziehen jeweils eine Schnur mit ausreichend langen Enden unter den Flügelknochen durch. Dann überkreuzen Sie die Enden, umwickeln die Schenkel hinter den Brüsten und verknoten die Enden auf den Unterseiten.

Die Fasane rundherum auf kräftiger, direkter Glut angrillen und dann bei geschlossenem Deckel mit indirekter Hitze 30–40 Minuten fertig grillen.

Schmeckt perfekt

mit Gewürztabouleh, Zucchini-Täschchen, Romanesco-Kerbelwurzelsalat sowie Limonen-Tahine, Marillen-Chutney oder Kichererbsendipp.

HÄHNCHENKEULEN MIT MANGO-SENF-GLASUR

Vorbereiten für 8 Portionen:

8	Hähnchenkeulen
	Salz, Pfeffer, etwas Cayennepfeffer
1	Mango-Senf-Glasur (siehe Seite 181)

Hähnchenkeulen zu grillen, ist in so fern eine Herausforderung, da das perfekte Garen immer etwas problematisch ist. Die Haut verbrennt recht schnell und Hähnchenkeulen brauchen einfach immer länger als man glaubt. Idealerweise mindestens 15–20 Minuten unter mehrmaligem Wenden bei mittlerem Rostabstand und schöner Glut grillen. Nachdem die erste Hälfte der Grillzeit verstrichen ist, mehrmals mit der Mango-Senf-Glasur einpinseln.

Beim Grillen mit geschlossenem Deckel über indirekter, mittlerer Hitze brauchen sie 25–30 Minuten.

Wein-Tipp

Schloss Maissau,
Manhartsberg
Grüner Veltliner
Juliusberg 2007

Melonen, Ananas, Mango und viel Pfeffer, eigentlich embryonal – macht nix, schmeckt trotzdem.

Schmeckt perfekt

mit Kichererbsendipp und Gurken-Relish, Romanesco-Kerbelwurzel-, Sellerie-Ananas oder würzigem Glasnudelsalat.

PERLHUHN IM GANZEN MIT GRÜNEM CHILI

Vorbereiten für 8 Portionen:

2–3	ganze Perlhühner
2	grüne Chili
1 Tl	Garam Masala
60 ml	Olivenöl
2	Knoblauchzehen

Die erste Schwierigkeit ist das Zerteilen des Perlhuhns. Damit man ein flaches Stück erhält, das sich problemlos grillen lässt, muss man das Perlhuhn auf ein Schneidbrett legen. Dann links oder rechts vom Rückgrat von innen aufschneiden. Wenn die Perlhühner einfach von der Mitte her zerteilt werden, bleibt ein hässlicher, knochiger Grat. Nun das Perlhuhn umdrehen und auch auf der Brustseite durchschneiden. Nun hängt das ganze Rückgrat an der einen Hälfte, dieses wird nun ebenfalls abgeschnitten. Noch ein bisschen überflüssige Haut- und Sehnenteile abschneiden, fertig. Knoblauch schälen, fein hacken. Grüne Chili der Länge nach halbieren und von Kernen und Innenhäutchen befreien. Dann ebenfalls fein hacken. Nun Knoblauch, Chili, Garam Masala und Olivenöl gut vermischen.

Die Perlhühner werden nun mit der Hautseite auf den Rost – bei großem Abstand und kräftiger Glut – gelegt und 5–6 Minuten gegrillt. Während dieser Zeit die Innenseiten der Perlhühner mit der Chili-Marinade einpinseln. Nach dem Wenden auch die Hautseite einpinseln und ca.15 Minuten auf der Innenseite grillen. Nochmals kurz umdrehen und über kräftiger Glut (entweder die Glut in der Mitte anhäufen, oder den Rostabstand verringern) fertig grillen.

Wein-Tipp

Domäne Müller,
Groß St. Florian
Der Cabernet Sauvignon
2001

Reife Brombeeren, Cassis, feine Schokolade, idealer Trinkfluss; schön, dass es auch reife Weine gibt.

Schmeckt perfekt

mit Limonen-Tahine oder Erdnuss-Kokossauce und als Beilage Gewürztabouleh.

STUBENKÜCKEN „TERIYAKI“

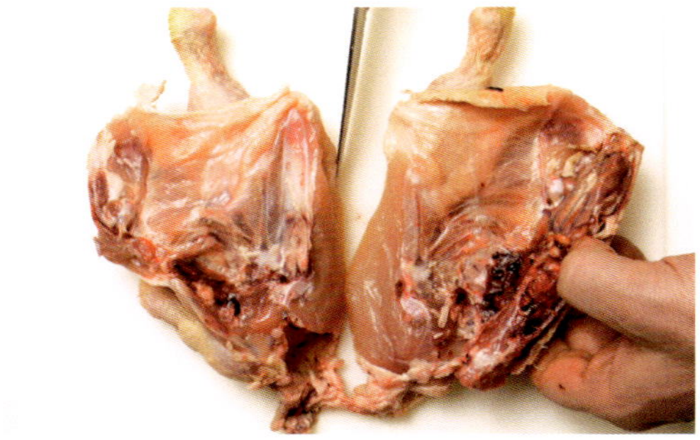

Vorbereiten für 8 Portionen:

4	Stubenkücken
40 ml	Teriyakisauce

Die erste Hürde zu einem herrlichen Stubenkücken ist das Zerteilen, denn für diese Variante werden jeweils halbierte Stubenkücken verwendet. Die einfachste Methode ist, das Stubenkücken mit dem Rücken nach unten auf ein Schneidbrett zu legen. Dann links oder rechts vom Rückgrat von innen aufschneiden. Wenn die Stubenkücken einfach von der Mitte her zerteilt werden, bleibt ein hässlicher, knochiger Grat. Nun das Stubenkücken umdrehen und auch auf der Brustseite durchschneiden. Nun hängt das ganze Rückgrat an der einen Hälfte, dieses wird nun ebenfalls abgeschnitten. Die so vorbereiteten Stubenkücken-Hälften werden nun mit Teriyakisauce eingepinselt und eine Stunde ziehen gelassen. Dann nochmals einpinseln und nach einer weiteren halben Stunde auf den Grill legen. Bei mittlerem Rostabstand und kräftiger Glut 1–2 Minuten von der Hautseite her angrillen, dann wenden und weitere 3–4 Minuten grillen. Nun wieder wenden und eher am Rand des Grills oder bei reduzierter Hitze für weitere 3 Minuten auf beiden Seiten grillen. Die Kunst ist es, die Stubenkücken saftig, aber gut durch zu grillen, ohne sie zu verbrennen.

Eignet sich sehr gut für Barbecueing! Allerdings im Gegensatz zum Grillen über offener Glut mit mehrmaligem Wenden, wird hier bei eher milder, indirekter Hitze gearbeitet, was die Gesamt-Garzeit auf 25–35 Minuten, je nach Größe der Stubenkücken und je nach Hitze, verlängert.

Schmeckt perfekt

mit würzigem Glasnudelsalat, Romanesco-Kerbelwurzelsalat, Kartoffelsalat, Zucchini-Täschchen oder Artischocken.

Folgende Dipps/Saucen sind dazu meine Favoriten: Limonen-Tahine, Whisky-Barbecue- und Hoisin-Sauce.

Wein-Tipp

F. M. Mayer,
Wien-Grinzing
„Francisco Miguel“
Chardonnay 2007

Reife Äpfel, Honigmelonen, frische Croissants, saftige Frucht, straffe Tannine, lebendig, ausgewogen.

GEFÜLLTES STUBENKÜCKEN-KOTELETTE MIT FRISCHEN MORCHELN

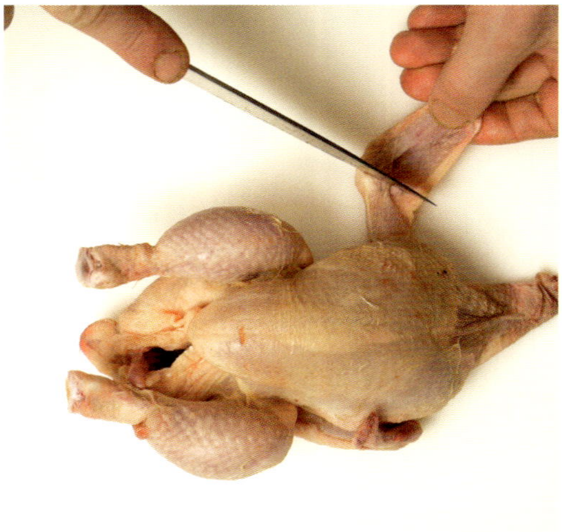

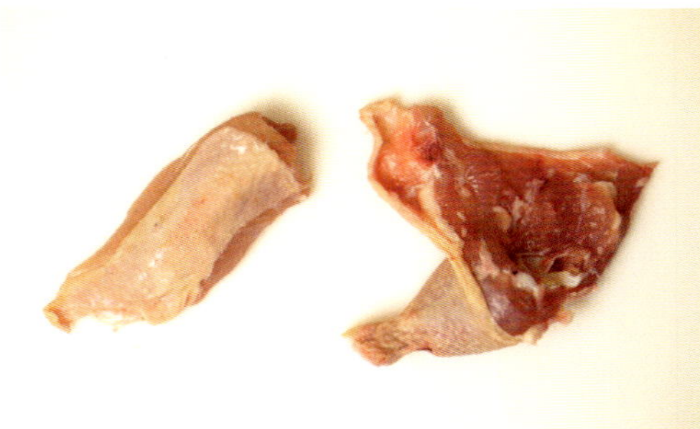

Vorbereiten für 6 Portionen:

3	Stubenkücken
150 g	Geflügelfleisch
1	Ei
100 g	Sahne
	Salz, Pfeffer, Muskat
80 g	Gemüsewürfelchen gemischt
100 g	frische Morcheln
	Salz, Pfeffer
20 g	Butter
2 cl	Madeira
1 El	gehackte Schalotten
1 El	gehackte Frühlingskräuter
	Salz, Pfeffer
1	Schweinenetz

Die Stubenküchen auslösen, sodass die Brüstchen und die Keulen (ohne Oberschenkelknochen) exakt zum Füllen bereit sind. Aus Geflügelfleisch, Sahne und Ei eine Farce zubereiten. Mit den Gemüsewürfelchen vermengen und auf die zuvor leicht gewürzten Keulen streichen. Dann die Morcheln putzen, gut durchwaschen und auf Küchenpapier gut abtrocknen. Die Schalotten in Butterschmalz anschwitzen, die Morcheln dazugeben und kurz durchschwenken. Kräuter dazu und mit Salz und Pfeffer abschmecken. Etwas überkühlen lassen. Dann mit der restlichen Farce vermischen und damit die Keulen belegen. Dann die Brüste akkurat darüber legen und in das Schweinenetz einpacken. Das Grillen der gefüllten Stubenkücken ist etwas heikel. Zuerst auf der Brustseite bei eher größerem Rostabstand und kräftiger Glut ca. 6 Minuten grillen, dann wenden und nochmals 8 Minuten grillen. Idealerweise die Stubenkückenkotelettes am Rand des Grills noch etwas nachziehen lassen.

Schmeckt perfekt

mit Kartoffel „Tricolore" oder mit einem ausgefallenen Romanesco-Kerbelwurzelsalat, Zucchini-Täschchen oder Artischocken.

WACHTEL MIT FIVE-SPICE UND CRANBERRY-MARINADE

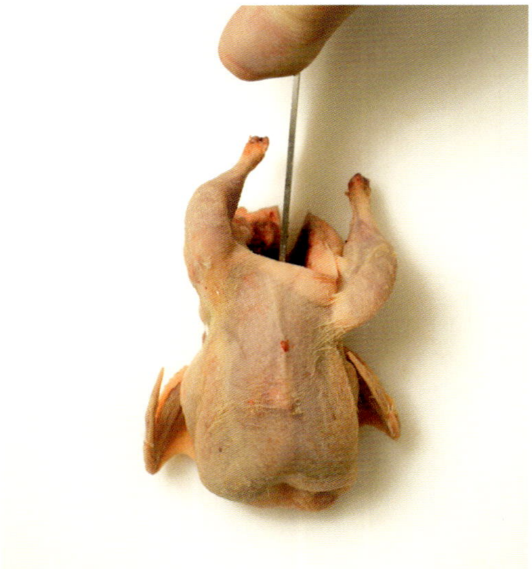

Vorbereiten für 8 Portionen:

8	Wachteln
80 g	Cranberry-Marinade
	Salz, Pfeffer, Five-Spice

Für diese Zubereitung werden die Wachteln wie im Bild von der Rückenseite her aufgeschnitten, das Rückgrat entfernt und dann die Wachteln aufgeklappt und auf Spieße gesteckt. Dann leicht mit Salz, Pfeffer und Five-Spice würzen und mit der Cranberry-Marinade einpinseln. Die Wachteln nun bei mittlerem Rostabstand und starker Glut zuerst auf der Außenseite 4–5 Minuten grillen und dann wenden. Nochmals 6 Minuten grillen.

Bei indirekter, starker Hitze brauchen die Wachteln mit geschlossenem Deckel ca. 15–18 Minuten. Es lohnt sich, die Wachteln vorher über offener Glut rundherum Farbe nehmen zu lassen. Die Haut wird knuspriger und bekommt so eine schöne braune Farbe.

Schmeckt perfekt

mit Gewürztabouleh.

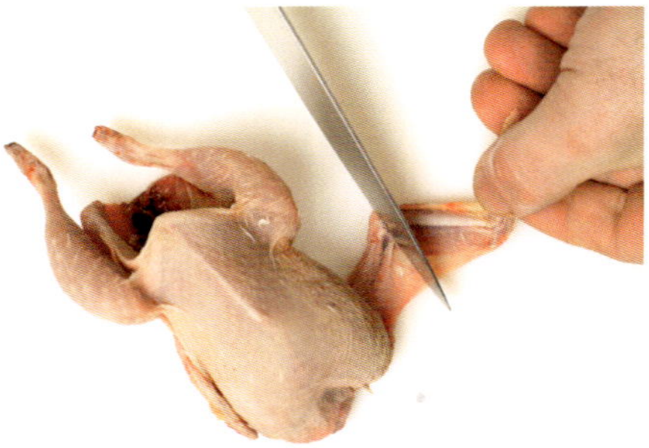

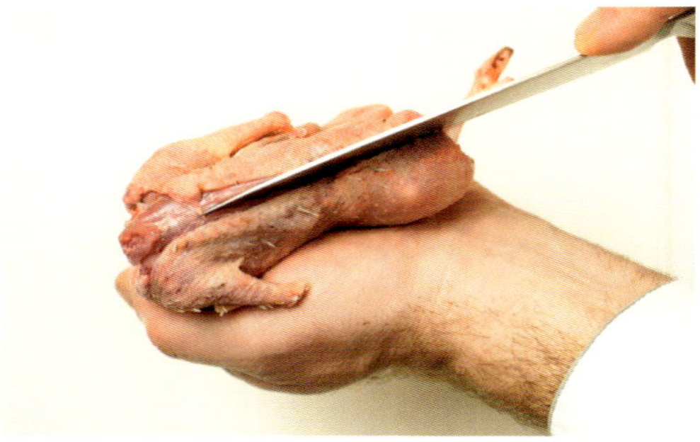

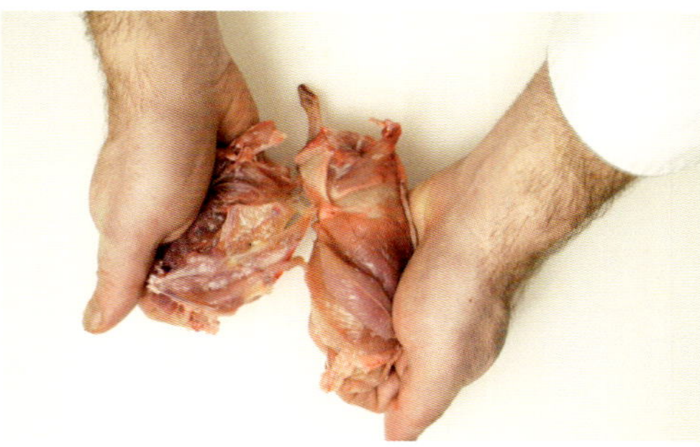

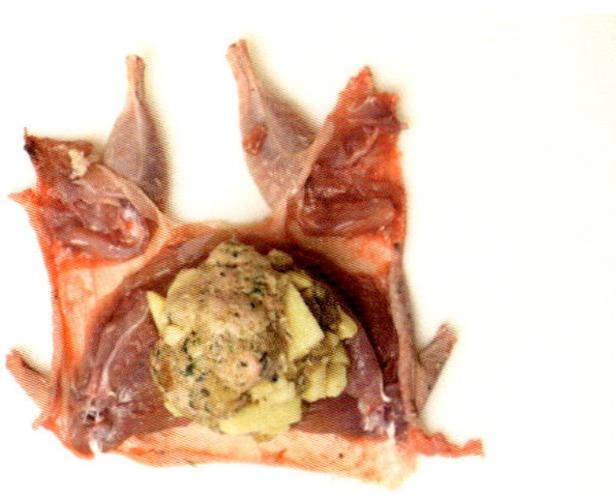

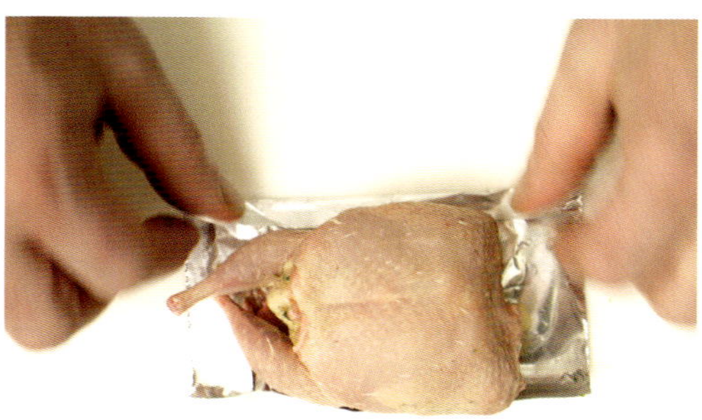

GEFÜLLTE WACHTEL

Vorbereiten für 8 Portionen:

8	Wachteln
120 g	gewürfeltes Weißbrot
120 g	Apfelwürfel
100 g	gewürfelte Gänseleber
	Salz, Pfeffer, Muskat
2	Eidotter
	frisch gehackte Kräuter (Blattpetersilie, Majoran,
	Estragon, Salbei, Rosmarin)
	Alufolie

Die Brotwürfel in Butterschmalz kross anbraten, mit den Apfel- und Gänseleberwürfeln, frischen Kräutern und den Eidottern mischen. Abschmecken. Die Füllung auf die hohl ausgelösten Wachteln verteilen und diese in die ursprüngliche Form zusammenklappen. Auf Alufolienrechtecke setzen und diese so umschlagen, dass eine kleine Schüssel, in der die Wachtel dann braten kann, entsteht. Bei milder Glut und mittlerem Rostabstand zuerst die Oberseite, dann die Seiten grillen, dann die Seite mit der Alufolie nach unten nochmals 3–4 Minuten grillen. Die Wachteln schmecken perfekt, wenn man sie am Rand des Grills noch etwas nachziehen lässt.

Schmeckt perfekt

mit Zucchini-Täschchen, Auberginen-Lauchzwiebelgemüse, Artischocken.

VULCANO
HANS IGLER

FLEISCH UND WÜRSTE

EIN GROSSES T MIT VIEL GESCHMACK

VON WALTER TUCEK

Der Vorarlberger Starkoch Heino Huber ist vor allem für seine fein-zarte Fischküche bekannt. Doch am Grill zeigt sich, dass in ihm auch ein begnadeter „Fleischtiger“ steckt.

Gemeinsam mit Heino Huber hatte ich vergangenes Jahr das Vergnügen, die Geheimnisse der toskanischen Küche zu ergründen, in der, wie man weiß, das Fleisch ja nicht zu kurz kommt. Angesichts der Dimensionen einer ordentlichen Bistecca Fiorentina, anderswo auch T-Bone Steak genannt, muss man Fleisch schon wirklich lieben. Ein Stück unter 500 Gramm ist eben kein echtes „Bistecca Fiorentina“. Für zwei Personen wurde es daher öfter ein 800 Gramm großes Steak. Schließlich wiegt der Knochen ja auch etwas. Mit nicht mehr als etwas Olivenöl, Salz, Pfeffer und einem schön gereiften Chianti Classico genossen wir unsere Bistecca. Erstaunlicherweise war es überhaupt kein Problem, das gigantische Fleischteil mit Genuss zu verspeisen.

T OHNE K

In der Toskana wird traditionell das Fleisch der weißen Chianina-Rinder für die Bistecca verwendet – ist es ein Zufall, das Chianti (echte Toskaner können kein „K“ aussprechen und sagen Hianti) und Chianina (Hianina) so gut harmonieren? Diese Verbindung ist jedenfalls eine perfekte Kombination. Seit etwa anderthalb Jahren bekommt man die „Königsklasse des Steaks“ auch wieder bei uns im Handel, zur Freude aller Fleischfreunde.
Steak liebt Rotwein! Ob man mit heimischen Produkten eine solche Harmonie erreichen kann, ist nach unserem Grill-Marathon keine Frage mehr. Sehr wohl geben auch ein T-Bone-Steak vom heimischen Fleckvieh und ein guter Zweigelt ein schönes Paar ab. Der Zweigelt ist ja wie die Sangiovese-Rebe von Kirscharomen geprägt. Aber auch ein kerniger Blaufränkischer schmeckte uns zum T-Bone Steak ausgezeichnet. Nach mehreren Durchgängen und dem anschließenden Verzehr des Grillguts „bog sich das T-Shirt“, stellte auch Fotograf Kurt Michael Westermann mit Wonne fest.

Wein-Tipp

Weingut Feiler-Artinger, Rust
Zweigelt & more 2006

Ein „Super Tuscan“ vom Neusiedler See, feine Kirschfrucht mit Eleganz und Tiefe.

Wein-Tipp

Weingut Weninger, Horitschon
Blaufränkisch Alte Reben 2006

Saftig, beerenfruchtig, sorten- und regionaltypisch, kernig und doch zugänglich.

Wein-Tipp

Weingut Zahel, Wien-Mauer
Antares Grande Reserve 2006

Eine große Cuvée aus dem Süden der Stadt – schmeckt fast wie aus der Thermenregion.

ANGIOVETO

DER GOLDENE SCHNITT

Das T-Bone Steak wird aus dem ganzen Roastbeef geschnitten, wobei nur der untere Teil der Rippe verwendet wird, sodass auch ein entsprechender Filet-Anteil entsteht. Dabei werden 600 bis 700 Gramm schwere, ungefähr vier Zentimeter dicke Scheiben aus dem Filet, dem Knochen und der Beiried geschnitten. Das Namen gebende T-förmige Knochenstück trennt die beiden bei uns sonst meist separat ausgelösten Fleischsorten. Weil diese unterschiedliche Konsistenzen und Garzeiten aufweisen, klopft Heino Huber die Beiriedseite vor dem Grillen leicht an, sodass diese etwas dünner als das Filet wird und das ganze Stück gleichmäßig den gewünschten Garpunkt erreicht.

Der Knochen sorgt auch dafür, ähnlich wie etwa bei einer Lotte, dass das T-Bone-Steak unvergleichlich saftig wird. Wie durch man sein Steak will, ist natürlich Geschmackssache. Bei entsprechender Fleischqualität darf das Steak aber durchaus noch blutig sein. Wichtig für eine perfekte Garung ist jedenfalls auch, dass man die Holzkohle ein wenig zur Seite schiebt, dass also die Hitze – und sie soll sehr stark sein – etwas von der Seite kommt und möglichst kein Fett direkt in die Glut tropft. Das Fleisch nach 4–5 Minuten Grillzeit um 45° drehen, ohne es dabei zu wenden, dann weitere vier Minuten grillen. Anschließend wird es gewendet und in 4–6 Minuten je nach gewünschtem Garungsgrad fertig gegrillt. Sodann lässt man es natürlich noch einmal ungefähr fünf Minuten rasten, damit sich die Fleischsäfte entsprechend verteilen und binden.

Handelsüblich sind meist importierte T-Bone-Steaks; momentan vor allem aus Irland (ca. 500 g). Seit es aus Argentinien im Moment kaum Rindfleischlieferungen gibt, führt z. B. Rungis Express diese Qualitäten verstärkt. Eine kaum vorstellbare Situation: Das Land der Gauchos scheint zu wenig Rindfleisch für den Export zu haben. Aus diesem Grund sind auch die Rindfleischpreise momentan so hoch wie nie. Das Filet kostet momentan bis zu 50 Euro, das irische T-Bone schlägt mit bis zu 30 Euro zu Buche.

In heimischen Fleischereien muss man T-Bone Steaks meist bestellen. Dafür kann man seinen Gästen aber einen einzigartigen Genuss bieten. Für uns schnitt Metzgermeister Rainer Schatz aus Hohenems die Steaks von einem ungeschobenen (hat noch die Milchzähne, höchstens $1^1/_2$ Jahre alt) weiblichen Rind – in „Innerösterreich" Kalbin genannt.

Die Gustoteile werden bei Rainer Schatz vakuumiert und mindestens drei Wochen gereift, so geschehen auch mit unseren T-Bones. Neben Rasse, Fütterung, Fettabdeckung und Fetteinlagerung spielt die Reifung die fast wichtigste Rolle für die Qualität. Früher hingen echte Fleischtiger die ganzen Rinderhälften so lange ab, bis sie einen „Bart" bekamen: Das macht man heute nicht mehr, weil zwar das so gewonnene Fleisch aus dem Kern unvergleichlich zart wurde, aber eben nur dieser verwendet werden konnte und auf diese Weise zu viel weggeworfen werden musste.

In den USA, wo Steaks seit jeher eine große Rolle spielen und das T-Bone gern als Porterhouse Steak (oft mit 1 Kilo oder mehr) daherkommt, gibt es einen regelrechten Kult um die Reifung. Der New Yorker Starkoch David Burke hat sich einen eigenen Steakreiferaum einrichten lassen, in dem die Steaks trocken (also nicht vakuumiert) viele Wochen lang reifen. Vierzig Tage sind das Minimum, 60 Tage laut Burke das Optimum, aber für Liebhaber von wirklich gut abgelegenen Steaks hält er auch 90 Tage lang gereifte Steaks bereit. Weil das Fleisch bei so langer Reifezeit auch minimale Fremdgerüche aus der Luft aufnehmen würde, hat er den Reiferaum mit Salzplatten auskleiden lassen, die eventuelle Gerüche binden.

Aber auch mit herkömmlichen Methoden und guter heimischer Qualität lassen sich großartige T-Bone-Steaks zaubern. Ein T-Bone alla Fiorentina ist auf jeden Fall Fleischgenuss ohne Nebengeräusche – weder Cognac- noch Pfeffer- noch sonstige Saucen sollen den Fleischgeschmack übertönen.
Die einzig wahre Grillsauce ist für Liebhaber der Bistecca Fiorentina ein feines, nicht zu grasiges Olivenöl Extra Vergine; sogar über den Spritzer Zitrone rümpfen manche Puristen die Nase. Zur Not kann man seine Steaks auch in der Pfanne zubereiten – aber es geht eben nichts über den unvergleichlichen Grillgeschmack. Der kommt übrigens weniger vom Holz oder der Holzkohle, sondern vielmehr von der direkten und starken Hitze.

Buon Appetito, die Grillsaison ist eröffnet!

Walter Tucek

Chefredakteur ÖGZ Weinguides

WAS SIE SCHON IMMER ÜBER STEAKS WISSEN WOLLTEN.

Bistecca alla Fiorentina	Beefsteak auf Florentiner Art, puristische Variante des T-Bone aus Italien
Chateaubriand	doppelt dick geschnittenes Filetsteak aus dem Mittelstück, ca. 400 g
Entrecôte	französische Bezeichnung für Rib-Eye-Steak
Entrecôte double	5–6 cm dicke Roastbeefscheibe, ca. 400–500 g
Entrecôte Chauteau	6–9 cm dicke Roastbeefscheibe, ca. 600 g
Porterhouse-Steak	großes Roastbeefsteak ca. 700 bis 1000 g, mit Knochen und großem Filetanteil aus dem mageren Kern der Hochrippe, ca. 2–3 cm dick und 200 g schwer
Prime-Rib-Steak	aus dem mageren Kern der Hochrippe, ca. 2–3 cm dick und 200 g schwer
Rib-Eye-Steak	aus dem hohen Roastbeef mit Fettkern (Eye) in der Mitte, auch Delmonico-Steak
Sirloin-Steak	andere engl. Bezeichnung für Rumpsteak
Rumpsteak	ca. 2–3 cm dicke Scheibe aus Roastbeef, 200–250 g
Tournedos	kleine, runde Steaks aus der Filetspitze, ca. 2 cm dick, 80–100 g
Tenderloin-Steak	weitere engl. Bezeichnung für Filetsteak, jedoch meist vom Ochsen oder Stier
T-bone-Steak	Roastbeefscheibe mit Knochen und Filet, 600–800 g

DEURING SCHLÖSSLE

HIRSCHSTEAKS IN HONIG-SOJA-SAUCE

Vorbereiten für 8 Portionen:

8	Hirschrückensteaks à 160 g
1	Honig-Soja-Marinade (siehe Seite 180)
	Salz, Pfeffer
1 El	gerösteter Sesam
30 ml	Erdnussöl
	etwas frischer Ingwer

Hirschrückensteaks mit etwas Erdnussöl einreiben und bei mittlerem Rostabstand und kräftiger Glut auf beiden Seiten 3–4 Minuten grillen. Der Grill sollte sehr sauber und die Grillstäbe zuvor mit etwas Öl abgerieben werden. Wild ist sehr fettarm, weshalb es auch am Grill kleben bleibt.

Ingwer schälen, fein schneiden und mit der Marinade vermischen. Dann die fertigen Steaks leicht salzen und pfeffern, mit der Marinade überziehen und mit etwas geröstetem Sesam bestreut sofort genießen.

Ein zarter Räuchergeschmack entsteht, wenn die Hirschsteaks bei geschlossenem Deckel über direkter, mittlerer Hitze 3-4 Minuten auf jeder Seite gegrillt werden. Das Fleisch wird noch zarter, wenn es nach dem grillen, am Rand des Grills - mit offenem Deckel - noch einige Minuten ruhen kann. Voraussetzung ist, dass es beim Grillen schön Farbe bekommen hat, sonst wird das Fleisch durch das Ruhen zu „schlabbrig".

Schmeckt perfekt

mit gegrillter Birne, aber auch mit Sellerie-Ananassalat, gegrillten Steinpilzen oder Papayas.

BEIRIED-SCHNITTE IN PFEFFER-KRUSTE

Vorbereiten für 8 Portionen:

8	Beiried-Schnitten à 250 g
100 g	geschroteter Pfeffer gemischt (auf jeden Fall weiß und schwarz, aber auch fein aromatisch gemischt mit grünem und rosa Pfeffer)
80 g	scharfer Senf (Dijonsenf)

Eine einfache, aber effiziente Angelegenheit.
Die Beiried-Schnitten vom Metzger völlig entsehnt und enthäutet vorbereiten lassen. Nun wird das Fleisch lediglich mit scharfem Senf (Dijonsenf) eingerieben und dann im geschroteten Pfeffer gewendet. Nun die Grillstäbe gut einölen und dann die gepfefferten Fleischstücke darauf legen. Von beiden Seiten je nach gewünschtem Garungsgrad zwischen 3 und 7 Minuten pro Seite bei mittlerem Rostabstand und kräftiger Glut grillen.

je 3 Minuten grillen	bleu/saignant
je 4–5 Minuten grillen	medium
je 5–6 Minuten grillen	medium plus
je 6–7 Minuten grillen	well done/bien cuit

Bei den höheren Garungsarten wie medium plus und well done empfiehlt es sich, das Fleisch nach der Garzeit am Rand des Grills noch einige Minuten ruhen zu lassen. Allerdings sollte keine direkte Hitze-Einwirkung mehr stattfinden.

Schmeckt perfekt

mit Chili-Knoblauch- und Rote-Rüben-Wasabi-Butter, Kartoffelsalat, Rote Rübensalat mit Thymian und Kren, aber auch mit den Zucchinischeiben mit Blauschimmelkäse ein Gedicht.

KANINCHEN-KOTELETTES MIT DÖRRPFLAUMEN UND LORBEER

Vorbereiten für 8 Portionen:

40	Kaninchen-Kotelettes
40	Dörrpflaumen
	frische Lorbeerblätter (es geht aber auch mit getrockneten)
1	kleines Schweinenetz

Das Auslösen der Kaninchen-Kotelettes ist auch für einen Profi eine aufwendige Arbeit, da muss man schon viel Geduld und Liebe zum Detail aufbringen. In der Praxis geht es doch um einiges schneller: Kaninchenfilets zu Medaillons zu schneiden, dann die Dörrpflaumen entsteinen und eine um jedes Medaillon klappen, jeweils ein frisches Lorbeerblatt dazu und in ein Stück des Schweinenetzes einwickeln.

Diese „Päckchen" nun beidseitig grillen und zwar insgesamt 6–8 Minuten bei mittlerem Rostabstand und schöner Glut.

Wein-Tipp

Weingut Stift Altenburg
Domäne Stift Altenburg
2007

Eine Rarität vom Manhartsberg; zwetschkig-würziger Merlot assembliert mit einem roten Mischsatz.

Schmeckt perfekt

im Ganzen oder in zwei Bissen genossen, so ist das eine Geschmacks-Explosion. Deshalb als fulminanten Einstieg in eine High-End- Grillparty einplanen.

GEGRILLTE RINDSFILET-SCHEIBEN

Vorbereiten für 8 Portionen:

16	Rindsfiletscheiben à 120 g
	Salz, Pfeffer
30 ml	Erdnussöl

Rindsfiletscheiben mit etwas Erdnussöl einreiben und bei mittlerem Rostabstand und kräftiger Glut auf beiden Seiten 2–4 Minuten grillen. Der Grill sollte sehr sauber und die Grillstäbe zuvor mit etwas Öl abgerieben werden, damit das doch magere Fleisch nicht an den Grillstäben festklebt.

Die fertig gegrillten Scheiben nur leicht salzen und pfeffern und pur genießen. Die Qualität des Rindfleisches ist für das Resultat entscheidend. Achten Sie beim Einkauf darauf, dass das Fleisch hellrot (ja nicht ins Bläuliche gehend) und gut marmoriert ist. Das deutet auf entsprechende Fetteinlagerungen hin, die das Ergebnis deutlich verbessern.

Wein-Tipp

Weingut Igler,
Deutschkreutz
Vulcano 2006

Der Klassiker unter den österreichischen Rotweincuvées, passt zu sehr vielen Grillrezepten.

Schmeckt perfekt

mit gegrillten Maiskolben, Artischocken, Gemüsezwiebeln. Als Dipps oder Saucen passen zu diesem neutralen Fleisch Trüffel-Remoulade, Cocktailsauce, Whisky-Barbecuesauce sowie Guacamole- und Kichererbsendipp. Super schmecken dazu auch Chili-Knoblauch- und Rosa-Pfeffer-Thymian-Butter.

KANINCHENRÜCKEN MIT AUBERGINEN-LAUCHZWIEBEL-GEMÜSE GEFÜLLT

Vorbereiten für 8 Portionen:

3–4	vollständig ausgelöste Kaninchenrücken
1	kleines Schweinenetz
12 kl	weiß-violette Auberginen
2 Bd	Lauchzwiebeln
100 ml	Olivenöl
	grobes Meersalz, Pfeffer aus der Mühle
	frischer Thymian

Auberginen waschen und trocken reiben. Dann in Spalten schneiden (wie bei einem Apfel!).
Das Grün der Lauchzwiebel in ca. 5 cm lange Stücke schneiden, die Zwiebel selbst längs in Segmente in der gleichen Größe wie die Auberginen. Nun in Alufolie mit Olivenöl und Thymian auf dem Grill bei mittlerem Rostabstand garen oder noch besser in der Edelstahl-Grillwanne grillen, häufig wenden und erst wenn Zwiebel und Auberginen gar sind, auf einen vorgewärmten Teller geben, mit Olivenöl beträufeln und mit Meersalz, Pfeffer aus der Mühle und frischem Thymian bestreut servieren oder weiterverwenden.
Nun die ausgebreiteten Kaninchenrücken leicht salzen und pfeffern, mit dem Gemüse füllen und in das Schweinenetz wickeln, die so vorbereiteten Rücken nun bei großem Rostabstand und kräftiger Glut zwischen 15 und 18 Minuten unter mehrmaligem Drehen grillen.

Mit geschlossenem Deckel grillen Sie den Rücken am besten bei starker, direkter Hitze unter mehrmaligem Wenden und Umplatzieren bis zu 20 Minuten.

Schmeckt perfekt

mit Trüffel-Remoulade oder Gewürztabouleh.

LAMM-BUTTERFLYS

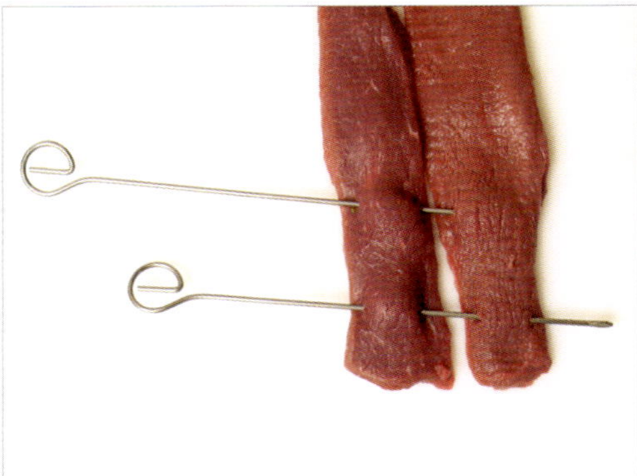

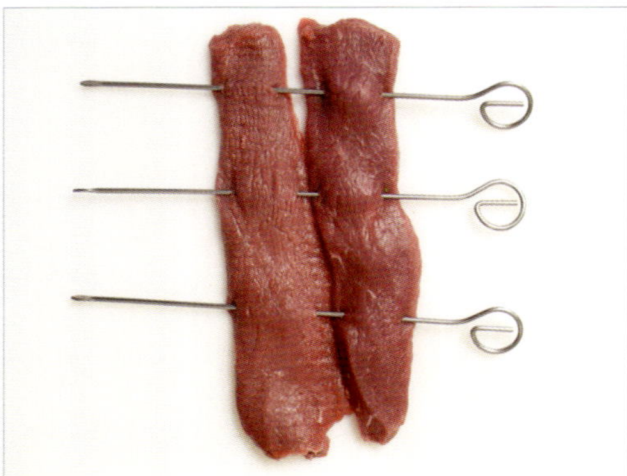

Vorbereiten für 8 Portionen:

8	Lammrückenstränge (Lamm-Lachse)
	Rosmarin, Salbei, Thymian
	Salz, Pfeffer
24	Metallspieße

Die Lamm-Lachse mit einem scharfen Messer in der Länge nach in 3 Scheiben schneiden. Das geht am besten, indem man sie flach auf ein Brett legt und mit einem scharfen, eher langen Messer mit der Klinge parallel zum Schneidbrett 3 gleichmäßige, längliche Streifen schneidet. Dann je zwei Streifen mit 3 Spießen fixieren.

Kräuter fein hacken, damit die Butterflys bestreuen, leicht salzen und pfeffern und bei geringem Rostabstand und kräftiger Glut kurz von beiden Seiten grillen.

Schmeckt perfekt

mit Auberginen und Paprika, Artischocken, Limonen-Tahine, Erdnuss-Kokossauce, Joghurt-Minze-Kreuzkümmel- und Kichererbsendipp, aber auch perfekt als schnelle Salat-Beilage. Herrlich schmecken die Lamm-Butterflys auch mit Curry-Zitrus-, Rosa-Pfeffer-Thymian- oder Chili-Knoblauch-Butter.

LAMM-HACKSPIESSE MIT LIMONEN-TAHINE

Vorbereiten für 8 Portionen:

300 g	faschiertes Lammfleisch (gemischt mit nicht zu geringem Fettanteil)
2	altbackene Brötchen
	etwas Milch und lauwarmes Wasser
1	Ei
3	Frühlingszwiebeln
20 g	Butter
3 El	frisch gehackte Kräuter (Thymian, Rosmarin, Salbei)
$^1/_2$ Tl	Rosenpaprika
$^1/_2$ Tl	Curry
1 Msp	Chili
1 Msp	Kreuzkümmel
1	Knoblauchzehe zerdrückt
	Salz, Pfeffer aus der Mühle
1	Limonen-Tahine (siehe Seite 171)

Altbackene Semmeln entrinden, in grobe Würfel schneiden und in lauwarmem Wasser und Milch einweichen. Zwiebel und Kräuter in Butter etwas anschwitzen, Paprika und Curry dazu und ebenfalls kurz mit anschwitzen. Beide Gewürze entfalten erst so ihr volles Aroma. Nun alle Zutaten gut miteinander vermischen, mit Salz und Pfeffer aus der Mühle abschmecken.
Holzspieße in Wasser einweichen und eine Stunde voll saugen lassen. Ansonsten sind sie zum Grillen ungeeignet, da sie trocken natürlich gleich Feuer fangen würden.
Dann die Lammfleischmasse um die Spieße drücken und auf gut eingeöltem Rost bei mittlerem Abstand und schöner Glut rundherum goldbraun grillen. Limonen-Tahine herstellen und zusammen mit den Spießen servieren.

Wein-Tipp

Weingut Bründlmayer,
Langenlois
Cabernet Franc 2006

Ein dichter, „maskuliner“ Wein mit dunkler Frucht, rauchig-speckigen Aromen und guter Säure.

Schmeckt perfekt

mit Trüffel-Remoulade oder Gewürztabouleh.

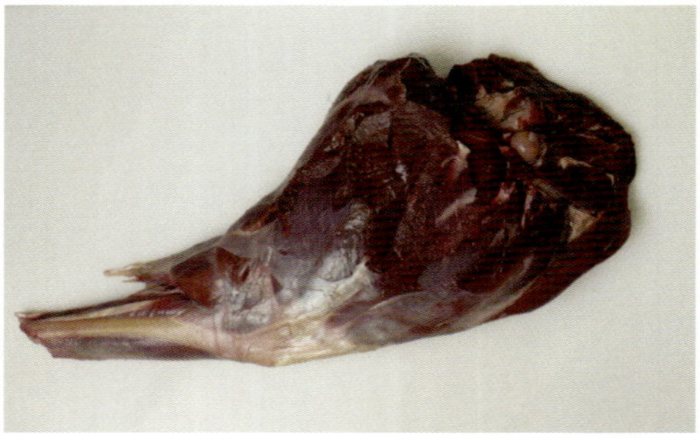

REHKEULE MIT WACHOLDER-ROSMARIN-ÖL UND ALEXANDER-BIRNEN

Vorbereiten für 8 Portionen:

3	Oberschalen aus der Rehkeule
80 ml	Olivenöl
15 g	Wacholder
	frische Kräuter (Rosmarin, Thymian, Salbei, Bohnenkraut)
	Salz, Pfeffer aus der Mühle
4	große, schöne Alexander-Birnen
50 g	frische Butter

Das Grillen von so großen Fleischstücken ist nicht nur Gedulds-Sache, sondern man muss hier auch mit Gefühl zu Werke gehen. 3–4 Minuten bei mittlerem Rostabstand und kräftiger Glut angrillen, bis auf beiden Seiten die Fleischstücke eine schöne Farbe haben. Dann die Stücke an den Rand des Grills legen und sie dort mehr ziehen lassen als grillen. Allerdings müssen Sie schon ein bisschen auf die Hitze achten, damit kein Fleischsaft ausläuft. Die Gesamtzeit kann zwischen 15 und 20 Minuten betragen. Leichter geht das in einem Barbecue-Grill mit Haube, allerdings ist der Rauchgeschmack dann wesentlich intensiver. Das fertig gegrillte Fleisch wird mit dem Rosmarin-Wacholderöl beträufelt und leicht gesalzen und gepfeffert. So bekommt es einen herrlich milden, würzigen Geschmack.

Die Birnen werden halbiert und mit einem kleinen, runden Ausstecher (Parisienne-Ausstecher) das Kerngehäuse entfernt. Dann mit der Schnittfläche auf den Grill gelegt und 4–5 Minuten gegrillt. Dann gewendet und nochmals 3–4 Minuten fertig gegart. Bei festeren Birnen empfiehlt es sich, die fast durchgegarten Birnenhälften in Alufolie zu wickeln und am Rand des Grills ziehen zu lassen.

Schmeckt perfekt

mit Marillen-Chutney oder für den asiatischen Touch mit Hoisin-Sauce. Eine interessante Kombination ist auch die Curry-Zitrus-Butter, dann allerdings wird das Wacholder-Rosmarin-Öl besser weggelassen. Von den Salaten ist dazu der Sellerie-Ananas mein Favorit.

SCHWEINSKOTELETTES IN ANANAS-MALZBIER-MARINADE

Vorbereiten für 8 Portionen:

8	schöne Schweinskotelettes
1	Ananas-Malzbier-Marinade (siehe Seite 181)

Die Schweinskotelettes mit der Marinade bepinseln und ca. 1 Stunde einziehen lassen. Dann werden sie bei eher großem Rostabstand und milder Glut auf beiden Seiten ca. 4–6 Minuten gegrillt. Das Kunststück ist hier, genau die Hitze zu dosieren. Die Marinade würde bei zu viel Hitze verbrennen, bevor das Fleisch durch ist.

Eignen sich sehr gut fürs Grillen mit geschlossenem Deckel. Über direkter, mittlerer Hitze bei geschlossenem Deckel 10–12 Minuten grillen. Die Kerntemperatur soll schon rund 65° haben.

Schmeckt perfekt

mit Auberginen und Paprika, Artischocken, Zucchinischeiben mit Blauschimmelkäse, aber auch einfach nur mit Kartoffelsalat und einem schönen Glas Malzbier.

SCHWEINELEBER MIT MAJORAN UND ROSMARIN IM NETZ

Vorbereiten für 8 Portionen:

1 kg	Schweineleber
1 Bd	Rosmarin
1 Bd	Majoran
1 kl	Schweinenetz

Die Leber mit einem scharfen Messer von Adern und Häutchen befreien und in ca. 3–4 cm große Stücke schneiden. Den Majoran fein hacken und die Leber in einer Schüssel mit dem Majoran sozusagen einreiben.

Das Schweinenetz muss gut gewässert werden, dann abtropfen und auf einem Tuch sauber auseinander ziehen. Die Leberstücke so einpacken, dass sie möglichst nur eine dünne Schicht Schweinenetz umhüllt. Gerne passiert es, dass die Enden dann mehrfach übereinander geschlagen sind und sich so ein Klumpen bildet, der sich beim Grillen nicht auflösen kann. Das Tolle am Schweinenetz ist nämlich, dass es fast vollständig schmilzt, da es praktisch nur aus Fett besteht. Das hat einerseits den Effekt, dass es die Leber saftig, andererseits in Form hält. Am Schluss werden die Stücke auf Rosmarin-Spieße aufgesteckt und dann bei mittlerem Rostabstand und milder Glut auf beiden Seiten ca. 2 Minuten gegrillt. Ich habe es ganz gerne, wenn die Leber schön rosa ist. Sie schmeckt besser und ist saftiger.

Schmeckt perfekt

mit Artischocken, Gemüsezwiebeln, Fenchel oder Zucchini-Täschchen.

DEURING SCHLÖSSLE

DAS GRILLEN VON WÜRSTEN

Grillen ohne Würste ist für die meisten unvorstellbar, dennoch, fast jeder beherrscht es und in Wirklichkeit gibt es in den meisten Kochbüchern nicht viele brauchbare Hinweise zu diesem Thema. Das hängt zum einen mit der Vielfalt der angebotenen Grillwürste zusammen, zum anderen ist die Methode immer die Gleiche. Deshalb gebe ich Ihnen in diesem Buch auch nur einige, wichtige Tipps zum Thema „Würste grillen".

1. Das Grillen von sehr fetten oder mit Speck umhüllten Würsten:

Hier gilt die Aufmerksamkeit der Hitze. Sie darf nicht zu stark sein, also schöne Glut mit Ascheschicht. Das austretende Fett tropft natürlich gern in die Glut und führt dazu, dass Flammen an die Würste schlagen und das Fett an der Oberfläche der Wurst sofort verbrennt. Man kann schon am Geruch erkennen, dass dies mit Sicherheit nicht nur eine optische Beeinträchtigung, sondern auch eine geschmackliche ist.

2. Das Grillen von rohen Würsten:

Rohe Würste garen recht schnell. Meist handelt es sich um Nürnberger Bratwürste oder sogenannte Rostbratwürstl, die man vom Metzger am besten ganz frisch holt. Sie eignen sich aufgrund ihrer Saftigkeit und der kurzen Garzeit hervorragend zum Grillen. Rasch auf recht kräfiger Glut bei mittlerem Rostabstand grillen. Besonders wichtig ist es hier den optimalen Garpunkt zu erwischen, denn ein bisschen zu viel und sie sind trocken.

3. Das Grillen von größeren oder dicken Würsten:

Das Problem hier liegt auf der Hand. Die Würste sollen auch innen ganz heiß sein. Deshalb lange grillen und einschneiden, damit die Hitze besser eindringen kann. Bei uns gibt es Kalbsbratwürste, die mit Milch gemacht und deshalb besonders flaumig in der Konsistenz sind. Diese braten etwas rascher und vertragen auch kräftige Hitze. Da sie beim Grillen aufreißen sollen, verzichtet man hier auf das Einschneiden.

BUTTERMISCHUNGEN

Frische Butter ist ein hervorragender Aromaträger und lässt sich mit den verschiedensten Geschmackskomponenten mischen.
Im Folgenden finden Sie vier Rezeptideen, wie man mit einem Stück aromatisierter Butter aus einem Stück gegrilltem Fleisch/Fisch gleich ein ganz spezifisches Gericht mit einer deutlichen, geschmacklichen Ausrichtung erhält.

CHILI-KNOBLAUCH-BUTTER

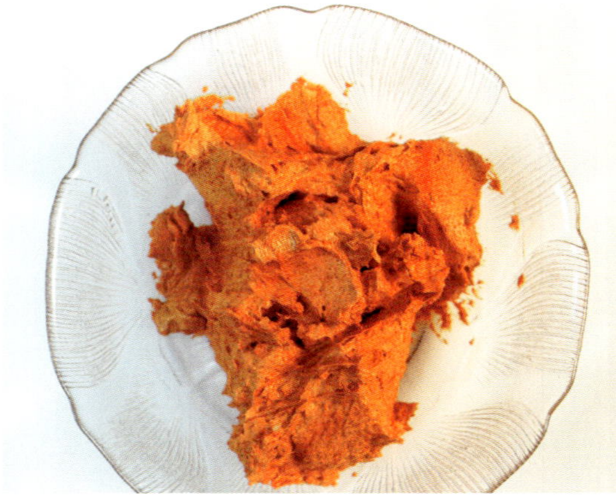

Zum Aromatisieren

von Fisch, Geflügel, Kalb, Rind und Lamm.

Vorbereiten:

250 g	Butter
3	Knoblauchzehen
1 Tl	Paprika edelsüß
15 g	Salz
1/2 Tl	Chilipulver
	einige Spritzer Limettensaft

Zimmerweiche Butter in der Küchenmaschine schaumig rühren. Knoblauch schälen und fein hacken. Zusammen mit den anderen Zutaten in die schaumige Butter rühren. In Klarsichtfolie wickeln, die Enden gegeneinander verdrehen, sodass eine schöne „Wurst" entsteht und tiefkühlen.

CURRY-ZITRUS-BUTTER

Zum Aromatisieren

von Meeresfrüchten, Fisch, Gemüse sowie Huhn, Pute und Lamm.

Vorbereiten:

250 g	Butter
1 El	Curry (scharf)
40 g	fein gehackte Schalotten
1 Tl	fein gehacktes Zitronengras
15 g	Salz
20 g	fein gehackte Schalen von Zitrusfrüchten (Orange, Zitrone, Limette)
1 Msp	Chilipulver
	einige Spritzer Limettensaft

Zimmerweiche Butter in der Küchenmaschine schaumig rühren. Schalotten in etwas Butter anschwitzen, den Curry beigeben und kurz durchrösten. Dann zusammen mit den anderen Zutaten in die schaumige Butter rühren. In Klarsichtfolie wickeln, die Enden gegeneinander verdrehen, sodass eine schöne „Wurst" entsteht und tiefkühlen.

ROTE-RÜBEN-WASABI-BUTTER

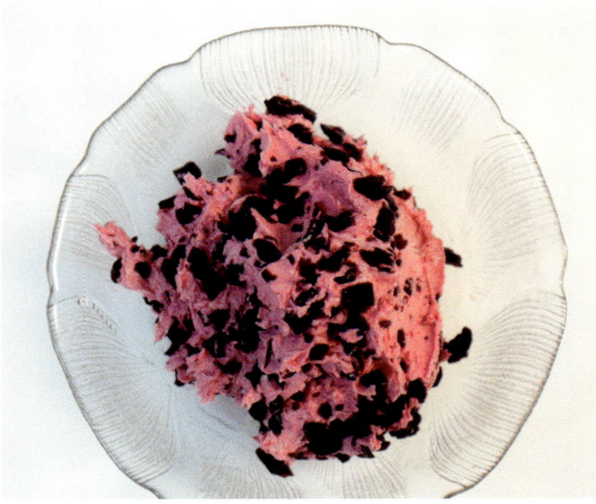

Zum Aromatisieren

von gegrilltem, mild schmeckendem weißem Fisch, wie Seezunge im Ganzen oder Heilbuttsteak.

Vorbereiten:

250 g	Butter
1 Tl	Wasabipulver
1 El	Apfelessig
80 g	gewürfelte, gekochte Rote Rüben
15 g	Salz
1 Msp	Kreuzkümmel
	einige Spritzer Limettensaft

Zimmerweiche Butter in der Küchenmaschine schaumig rühren. Wasabipulver mit dem Essig anrühren und dann zusammen mit den anderen Zutaten in die schaumige Butter rühren. Den Kreuzkümmel bitte vorsichtig dosieren, da er sonst im Geschmack zu sehr im Vordergrund sein könnte. In Klarsichtfolie wickeln, die Enden gegeneinander verdrehen, sodass eine schöne „Wurst" entsteht und tiefkühlen.

ROSA-PFEFFER-THYMIAN-BUTTER

Zum Aromatisieren

von hellem Geflügel wie Huhn, Pute oder Stubenküken, aber auch mit Lamm und Kalb.

Vorbereiten:

250 g	Butter
1 El	rosa Pfeffer
1 El	Thymian
1 El	Dijon-Senf
$^{1}/_{2}$	gehackte Knoblauchzehe
15 g	Salz
	schwarzer Pfeffer aus der Mühle

Zimmerweiche Butter in der Küchenmaschine schaumig rühren. Knoblauch schälen und fein hacken, den rosa Pfeffer zerdrücken und vorsichtig etwas durchhacken. Zusammen mit den anderen Zutaten in die schaumige Butter rühren. In Klarsichtfolie wickeln, die Enden gegeneinander verdrehen, sodass eine schöne „Wurst" entsteht und tiefkühlen.

SAUCEN, DIPPS, CHUTNEYS

KICHERERBSENDIPP (HUMMUS)

Schmeckt perfekt

zu kurz gegrilltem Rind, Geflügel und Lamm, auch in einer Pita mit kleinen Fleischstückchen und Salat oder original zu Falafel.

Vorbereiten für 8–10 Portionen:

200 g	vorgekochte Kichererbsen
1 kl	Zwiebel
80 g	geschälte Süßkartoffeln
50 ml	Olivenöl
2	Knoblauchzehen
50 g	Tahine
50 ml	Limetten- oder Zitronensaft
1 Msp	Curcuma
	Salz, Pfeffer, Cayennepfeffer

Zwiebel schälen und fein schneiden, ebenso die Süßkartoffeln. Dann beides zusammen in Olivenöl gemächlich anschwitzen und zugedeckt die Kartoffeln weich garen. Dann mit Curcuma, gehacktem Knoblauch, Tahine, Limettensaft vermischen und durch ein feines Sieb passieren. Mit Salz, Pfeffer und etwas Cayennepfeffer abschmecken. Frische Kichererbsen rechtzeitig einweichen. Sie quellen schöner aus und bleiben perfekt hell in der Farbe, wenn man ein bisschen Natron (Backpulver) ins Einweichwasser gibt. Ansonsten erreichen Sie mit Dosen-Kichererbsen auch ein gutes Resultat.

GURKEN-RELISH

Schmeckt perfekt

zu Rocklobster „Tandoori", Tiger-Prawns „Cajun", Stubenkücken Teriyaki oder Hähnchenkeulen mit Mango-Senf-Glasur.

Vorbereiten für 10–12 Portionen:

1	Garten-Gurke
30 ml	Weißwein-Essig
30 ml	Wasser
30 g	weißer Zucker
15 g	fein geschnittener Ingwer
1 El	grob gehackter Koriander
1	kleine Chilischote

Essig, Zucker, Wasser und Salz zu einem Sirup kochen. Gurke schälen, der Länge nach vierteln und in Scheiben schneiden. Chili längs teilen, Kerne entfernen und ganz fein schneiden. Gurken, Chili und Koriander mischen, mit der heißen Marinade übergießen und ziehen lassen. Die Gurkenscheiben sollten einen schönen Biss haben, aber auch nicht zu hart sein. Ansonsten die Marinade nochmals aufkochen und wieder über die Gurken gießen.

WÜRZIGER ERDNUSS-DIPP

Schmeckt perfekt

zu Lamm, Rind, Geflügel und Riesengarnelen.

Vorbereiten für 8–10 Portionen:

180 g	Erdnussbutter
1 Tl	Curry (scharf)
30 g	geschälter Ingwer
1 Msp	Cayennepfeffer
10 ml	Sesamöl
40 ml	Shoyusauce
20 g	Akazienhonig
	Saft von einer Limette
50 ml	Wasser
50 ml	Kokosmilch

Alle Zutaten in der Küchenmaschine gut vermengen. Der Dipp entwickelt sein volles Aroma nach 2–3 Stunden im Kühlschrank. Er lässt sich perfekt auch im Voraus zubereiten und ist sehr gut haltbar. Nicht zu kalt servieren, da ansonsten die Erdnussbutter und die Kokosmilch den Dipp zu fest machen.

JOGHURT-MINZE-KREUZKÜMMEL

Schmeckt perfekt

zu allen Gerichten, die in Richtung afrikanische Aromatik abgeschmeckt sind, wie Lamm-Butterflys oder Wachtel mit Five-Spice und Cranberry.

Vorbereiten für 8–10 Portionen:

250 ml	Natur-Joghurt
1/2 Tl	Kreuzkümmel
20	frische Minzblätter
	Salz, Pfeffer, Zitronensaft

Joghurt in einem Tuch 1/2 Stunde abhängen. So läuft ca. 15% des Wassers ab und das Joghurt wirkt viel cremiger und wird erst so eine ideale Basis für einen perfekten Dipp. Dann mit Kreuzkümmel, frisch gehackter Minze, Salz, Pfeffer und Zitronensaft abschmecken.

MARILLEN-CHUTNEY

Schmeckt perfekt

zu Geflügel und Wild.

Vorbereiten für ca. 30 Portionen:

500 g	Marillen
80 g	brauner Zucker
50 g	Gelierzucker
50 g	fein geschnittene Schalotten
1	Knoblauchzehe
15 g	Ingwer
1 Tl	Senfkörner
3	Sternanis
	Cayennepfeffer nach Bedarf
1 El	Marillenkernöl (ersatzweise neutrales Pflanzenöl)
60 ml	Weißweinessig

Schalotten und Knoblauchzehe schälen und fein schneiden, in Marillenkernöl glasig anschwitzen, ohne Farbe nehmen zu lassen. Marillen waschen, halbieren, Steine entfernen und in akkurate Stücke (erbsengroß) schneiden, dazugeben und zusammen mit den Gewürzen, Essig und dem Zucker aufkochen, 3 Minuten köcheln lassen und in kleine Gläser abfüllen.

GUACAMOLE KLASSISCH

Schmeckt perfekt

mit gerösteten Brotscheiben als kleine Vorspeise, aber auch zu Geflügel, Fisch und Meeresfrüchten.

Vorbereiten für 6–8 Portionen:

1	große Avocado
1/2	rote Paprikaschote
2	fein geschnittene Schalotten
1 El	frische Petersilie
1 El	Koriandergrün
2	enthäutete und gewürfelte Tomaten
1/2	gehackte Knoblauchzehe
	Zitronensaft, Olivenöl, Salz, Pfeffer, Chili

Für das Avocadotatare die Frucht halbieren, den Stein entfernen und beiseitelegen. Das Fruchtfleisch mit einem Löffel aus den Schalenhälften lösen. Grob durchhacken. Mit der würfelig geschnittenen Paprikaschote, den fein geschnittenen Schalotten, dem Knoblauch, den Tomaten und den frisch gehackten Kräutern vermischen, mit Salz, Pfeffer, Chili, Zitronensaft und etwas Olivenöl abschmecken.

SÜẞ-SAURE CHILISAUCE

Vorbereiten für ca. 40 Portionen:

30 g	Sesamöl
6	Knoblauchzehen
500 g	frische rote Chilischoten
300 g	brauner Rohrzucker
150 ml	Reisessig
100 ml	weißer Balsamico
	Meersalz nach Bedarf
500 ml	Wasser

Knoblauch schälen, sehr fein hacken und in einen Topf geben. Sesamöl beigeben und den Knoblauch leicht darin anschwitzen. Die Chilis der Länge nach aufschneiden, die Zwischenhäutchen und die Kerne entfernen und ebenfalls sehr fein schneiden. (Vorsicht! Nicht in die Augen oder den Mund greifen!) Die Chilis mit Zucker, Essig und Salz zum Knoblauch in den Topf geben und erwärmen.

500 ml Wasser beigeben und alles zusammen bei mittlerer Hitze ca. 40 Minuten köcheln lassen. Immer wieder umrühren, bis eine leicht dickliche Sauce entsteht. Heiß in sterilisierte Gläser füllen und sofort verschließen.

Schmeckt perfekt

zu praktisch allem Gegrillten. Durch die grundsätzlich asiatische Aromatik nicht mit ausgeprägt mediterranen Gerichten kombinieren. Diese Sauce ist sehr gut haltbar und vielseitig einsetzbar. Es macht daher Sinn, größere Mengen davon zu produzieren.

ERDNUSS-KOKOSSAUCE

Vorbereiten für 8–10 Portionen:

40 g	fein geschnittene Zwiebeln
10 ml	Erdnussöl
10 g	brauner Zucker
1 Tl	Rosenpaprika
1 Msp	Chilipulver
1 Msp	Currypulver
1 El	fein gehacktes Zitronengras
100 ml	Gemüsefond
100 ml	Kokosmilch
50 ml	Sahne
70 g	geröstete Erdnüsse
2 Msp	Ingwerpulver
	Salz, Pfeffer, Limettensaft

Schmeckt perfekt

mit Saté in allen Variationen.

Zwiebeln in Erdnussöl anrösten, dann den braunen Zucker beigeben und kurz karamellisieren. Rosenpaprika, Curry, gehacktes Zitronengras und Chilipulver dazugeben, ganz kurz mit anschwitzen und dann mit dem Gemüsefond ablöschen. Kokosmilch und Sahne angießen, mit Ingwerpulver, Salz und Limettensaft abschmecken und am Schluss die gehackten Erdnüsse beigeben. Die Sauce nun so lange einkochen, bis eine schöne, leicht cremige Konsistenz erreicht ist. Verwenden Sie bitte immer ungesüßte Kokosmilch. Die am Markt erhältlichen Produkte können sehr unterschiedlich in der Viskosität sein, deshalb macht es Sinn, mit dem Sahne-Anteil zu variieren – von keiner Sahne bis doppelt so viel, wie im Rezept angegeben ist – um eine perfekte Konsistenz zu erhalten.

HOISIN-SAUCE

Schmeckt perfekt

mit allen asiatischen Grillgerichten, egal ob Fisch, Krustentiere oder Fleisch.

Vorbereiten für 8–10 Portionen:

10 g	brauner Zucker
50 g	Chicken-Chilisauce passiert
100 g	Hoisin-Sauce
20 ml	Gemüsefond
1 El	fein geschnittener Lauch
1 El	gehackter Koriander
1 El	fein gehackter, roter Paprika
1 Msp	Chilipulver
1 Msp	Ingwerpulver
1 El	Limettensaft

Braunen Zucker karamellisieren, mit Gemüsefond ablöschen. Dann mit Hoisin- und Chicken-Chilisauce auffüllen, die restlichen Zutaten beigeben und kurz verköcheln lassen.

LIMONEN-TAHINE

Schmeckt perfekt

mit Lamm-Hackspieße oder Lamm-Butterflys.

Vorbereiten für 8–10 Portionen:

100 ml	Tahine (Sesam-Paste)
150 ml	Wasser
	Saft von einer Limette
1 Tl	brauner Zucker
$^1/_2$	Knoblauchzehe
	Salz und schwarzer Pfeffer

Tahine mit Wasser und Limettensaft, dem zerdrückten Knoblauch und etwas braunem Zucker schön cremig rühren. Mit Salz und Pfeffer abschmecken.

Die am Markt erhältlichen Sesampasten sind in Geschmack und Konsistenz stark unterschiedlich. Probieren Sie, welche Ihnen am besten zusagt.

ROUILLE

Schmeckt perfekt

mit Meeresfrüchten und Fisch, aber auch zu Lamm, Rind und Geflügel.

Vorbereiten für 8–10 Portionen:

2	frische rote, nicht allzu scharfe Chilis
2	Knoblauchzehen
	wenig Meersalz
1	gekochte Kartoffel
150 ml	Olivenöl
50 ml	Crème fraîche
	Zitronensaft
	Salz, Pfeffer, Cayennepfeffer

Chili mit Knoblauch und Meersalz im Mörser fein verreiben, dann mit der gekochten und passierten Kartoffel intensiv vermischen. Das Olivenöl wie bei einer Mayonnaise einrühren und dann die Crème fraîche unterheben. Mit Zitronensaft, Salz, Pfeffer und Cayennepfeffer abschmecken.

WHISKY-BARBECUESAUCE

Schmeckt perfekt

mit gegrilltem Rind- und Schweinefleisch, aber auch zu Fisch, speziell in Verbindung mit Speck – eine ideale Kombination mit den Seeteufel-Medaillons im Speckmantel mit Zitronengras.

Vorbereiten für 8–10 Portionen:

80 g	brauner Zucker
80 ml	Gemüse- oder Rinderfond
10 ml	Worcestersauce
10 ml	Balsamico-Essig
50 ml	Ketchup
30 ml	Bourbon
2 Msp	Senfpulver
2 Msp	Ingwerpulver
	Salz, Pfeffer, Cayennepfeffer

Zucker karamellisieren, mit Fond ablöschen, dann alle Zutaten außer dem Bourbon beigeben und eine halbe Stunde köcheln lassen. Dann den Bourbon angießen, nochmals 10 Minuten köcheln lassen und kalt stellen. Diese Sauce sollte mindestens 48 Stunden ziehen, damit sich die Aromen optimal verbinden.

GRUNDMAYONNAISE

Vorbereiten für ein Grundrezept (ca. 10 Portionen)

50 g	Eigelb (2 große Dotter)
15 g	Dijonsenf
5 g	Zucker
	Saft einer halben Zitrone
5 g	Salz
	Pfeffer aus der Mühle
	Tabasco (5–6 Spritzer)
	wenig Weißweinessig
250 ml	Sonnenblumen- oder Erdnussöl
1 El	Sauerrahm oder Natur-Joghurt

Eidotter mit den Gewürzen, Essig, Zitronensaft und Senf vermischen. Dann das Öl unter ständigem Rühren eintropfen lassen und am Schluss nochmals mit Tabasco, Salz und Pfeffer abschmecken. Je nach Verwendungszweck mit Natur-Joghurt oder Sauerrahm etwas verfeinern.

Zum Verfeinern

eignen sich am besten frisch gehackte Kräuter wie z. B. Bärlauch. Damit die Sauce nicht zu schwer wird, rühre ich neben den frisch gehackten Kräutern und ein bisschen Zitronensaft ca. 30% (100 g auf das oben angeführte Rezept) Natur-Joghurt oder fettarmen Sauerrahm ein. Diese Mayonnaise dient auch als Grundlage für die nachfolgenden Saucen auf Mayonnaisebasis.

COCKTAILSAUCE

Vorbereiten für 8–10 Portionen:

100 g	Grundmayonnaise
50 g	Natur-Joghurt
50 g	Crème fraîche
50 g	Ketchup (scharf)
$^1/_2$ Tl	Cayennepfeffer
4 cl	Cognac
10 g	frisch geriebener Kren
	feine Würfel von einer halben, roten Paprikaschote
	Zitronensaft
	Salz, Pfeffer, Cayennepfeffer

Grundmayonnaise mit Natur-Joghurt, Crème fraîche und Ketchup mischen. Cayennepfeffer, Cognac und frischen Kren unterrühren und mit etwas Zitronensaft, Salz und Pfeffer abschmecken. Die fertige Sauce mit den Paprikawürfeln bestreuen.

Schmeckt perfekt

mit Rindfleisch, Lamm, Meeresfrüchten und Geflügel. Eine Allrounderin unter den Saucen. Lediglich bei Fisch ist aufgrund der Schärfe und Intensität dieser Sauce Vorsicht geboten.

TRÜFFEL-REMOULADE

Vorbereiten für 8–10 Portionen:

150 g	Grundmayonnaise
50 g	Natur-Joghurt
50 g	Crème fraîche
1 Tl	Champagner- oder süßer Senf
1 Tl	gehackte Schalotten
1 El	gehackte Kapern
1 El	gehackte Cornichons
2 El	gehackte Petersilie
1	hartgekochtes, gehacktes Ei
	Zitronensaft
	Salz, Pfeffer aus der Mühle, Cayennepfeffer
	Trüffelöl nach Geschmack

Grundmayonnaise mit Natur-Joghurt und Crème fraîche mischen. Die fein geschnittenen Aromen und den Senf beigeben und gut verrühren. Bei Bedarf mit etwas Zitronensaft, Salz, Pfeffer und Cayennepfeffer abschmecken. Seien Sie bitte vorsichtig mit dem Trüffelöl, das kann ganz schnell zu intensivem Geschmack führen, also vorsichtig dosieren und durch Probieren herantasten.

Natürlich schmeckt diese Sauce richtig genial, wenn sie zur Trüffelzeit noch fein gehackte Trüffel untermischen.

Schmeckt perfekt

mit gegrilltem Gemüse wie Auberginen oder Zucchinischeiben mit Blauschimmelkäse, aber auch zu Kalbsfleisch und Geflügel.

CURRY-MANGO-BASILIKUMSAUCE

Vorbereiten für 8–10 Portionen:

150 g	Grundmayonnaise
50 g	Natur-Joghurt
50 g	Crème fraîche
1 Tl	Curry (scharf)
10 g	Butter
15 g	sehr fein geschnittene Schalotten
½	Mango geschält und in kleine Würfel geschnitten
7–8	Basilikumblätter
	Zitronensaft
	Salz, Pfeffer, Cayennepfeffer

Grundmayonnaise mit Natur-Joghurt und Crème fraîche mischen. Die fein geschnittenen Schalotten in Butter anschwitzen, den Curry dazugeben und kurz mit anschwitzen. Natur-Joghurt und Crème fraîche dazugeben, glatt rühren und komplett auskühlen lassen. Mit der Mayonnaise vermischen, Mangowürfel und fein gehacktes Basilikum dazugeben, unterrühren und mit etwas Zitronensaft, Salz, Pfeffer und Cayennepfeffer abschmecken.

Schmeckt perfekt

mit gegrilltem Hummer und Rocklobster „Tandoori", aber auch zu Garnelen, Stubenküken oder Hähnchen.

SAUCE TATARE

Schmeckt perfekt

mit rosa oder medium gegrilltem Rindfleisch, aber auch zu gegrilltem Gemüse.

Vorbereiten für 8–10 Portionen:

150 g	Grundmayonnaise
50 g	Natur-Joghurt
50 g	Crème fraîche
1 Tl	Dijonsenf
1 Tl	gehackte Schalotten
1 El	gehackte Kapern
1 El	gehackte Cornichons
2 El	gehackte Petersilie
	Zitronensaft
	Salz, Pfeffer aus der Mühle, Cayennepfeffer

Grundmayonnaise mit Natur-Joghurt und Crème fraîche mischen. Die fein geschnittenen Aromen und den Senf beigeben und gut verrühren. Bei Bedarf mit etwas Zitronensaft, Salz, Pfeffer und Cayennepfeffer abschmecken.

SAFRAN-AIOLI

Schmeckt perfekt

mit gegrilltem Fisch und Meeresfrüchten. Die Aromatik der Aioli geht eher in die mediterrane Richtung, passt also nicht wirklich zu asiatischen Rezepten.

Vorbereiten für 8–10 Portionen:

150 g	Grundmayonnaise
50 g	Natur-Joghurt
40	Safranfäden
1 Tl	Weißweinessig mild
1 Tl	lauwarmes Wasser
3	Knoblauchzehen
	Salz, Pfeffer aus der Mühle, Cayennepfeffer

Grundmayonnaise mit Natur-Joghurt mischen. Safranfäden in lauwarmem Wasser mit dem Weißweinessig einweichen und in die Mayonnaise rühren. Knoblauchzehen hacken, mit Salz ganz fein zerreiben und mit der Safran-Mayonnaise mischen. Mit Cayennepfeffer und Pfeffer abschmecken. Vorsicht mit dem Salz, denn durch den Knoblauch der ohnehin schon mit Salz zerdrückt wurde, ist die Safran-Aioli grundsätzlich sehr würzig.

MARINADEN

Grill-Marinaden sind nicht immer gerade qualitätssteigernd. In vielen Fällen werden Marinaden dazu benutzt, um zweitklassiges Fleisch (am Rande des Ablaufdatums) mit intensivem Geschmack zu versehen und durch die oft ölhaltigen, mit starken Gewürzen angemischten Tinkturen auch eine längere Haltbarkeit zu erreichen. Also: Finger weg von vormariniertem Fleisch.

MARINADEN

Marinaden selbst hergestellt und perfekt eingesetzt, steigern das Geschmacks-Erlebnis und sind kulinarisch bedeutsam. Es gilt folgende Faustregel für die Dauer des Marinierens:

Lamm und Rind:	12 bis max. 24 Stunden
Ente und Wachtel:	bis zu 12 Stunden
Stubenkücken, Huhn und Pute:	6–12 Stunden (prinzipiell sollten Stücke mit Haut länger marinieren)
Krustentiere:	2 Stunden
Fisch:	$^1/_2$ Stunde

Wie gesagt, das Ziel des Marinierens ist den Geschmack zu intensivieren und neue Aromen mit in das Gericht zu bringen. Es sollte aber stets der Eigengeschmack des Produktes noch zu erkennen sein.

Zum Marinieren

von Fisch und Meeresfrüchten, aber auch von Wild und Geflügel.

HONIG-SOJA-MARINADE

Vorbereiten:

30 g	Akazienhonig
30 ml	Shoyu (helle Sojasauce)
15 ml	Sesamöl

Die Zutaten sorgfältig miteinander verrühren. Vor dem Grillen das Grillgut (nicht bei Fisch und Meeresfrüchten) mehrmals einpinseln und wieder leicht antrocknen lassen, damit ein schöner Überzug entsteht.

Zum Marinieren

von Fisch, Meeresfrüchten (Rocklobster ist mein Favorit), Huhn, Pute und Lamm.

TANDOORI-PASTE

Vorbereiten:

2 Tl	Curcuma
1 Tl	Paprika edelsüß
$^1/_2$ Tl	Rosenpaprika
1 kl	getrocknete Chilischote
1 Tl	Garam Masala
5 Stk	Kardamonkapseln
	etwas Safran

Alle Zutaten im Mörser fein zerreiben, mit etwas Erdnussöl mischen und damit dann das Grillgut bestreichen. Die Dauer des Marinierens hängt von der gewünschten Intensität ab. (Siehe Aufstellung oben) Wenn Sie den Geschmack intensivieren wollen, können Sie das Marinieren auch wiederholen.

Zum Marinieren

von Schweinefleisch (Rückensteak, Spareribs) und hellem Geflügel wie Huhn und Stubenküken.

ANANAS-MALZBIER-MARINADE

Vorbereiten:

50 g	Ananas-Chutney passiert (Fertigprodukt)
20 g	Ketchup
100 ml	Malzbier
100 ml	Ananassaft
50 g	brauner Zucker
	etwas fein gehackte Zitronenschale

Alle Zutaten vermischen und miteinander verköcheln lassen.

Zum Marinieren

von Huhn, Stubenküken, Ente und Schweinefleisch.

MANGO-SENF-GLASUR

Vorbereiten:

100 g	Mango-Chutney (Fertigprodukt)
1 El	Shoyu (helle Sojasauce)
1 Tl	englisches Senfpulver
1 Msp	Ingwerpulver
20 ml	Erdnussöl

Alle Zutaten sorgfältig miteinander verrühren und 2 Stunden durchziehen lassen. Nun kann die Glasur auf die bereits halb gegrillten Stücke aufgepinselt werden.

Zum Marinieren

von Geflügel. Ich liebe diese fruchtig, würzige Marinade speziell zu Wachteln.

CRANBERRY-MARINADE

Vorbereiten:

30 ml	Olivenöl
30 g	getrocknete Cranberries
20 ml	Grenadine
1	Prise Five-Spice
	schwarzen Pfeffer aus der Mühle

Cranberries mit den Gewürzen und etwas Öl im Mörser zu einer feinen Paste abarbeiten. Dann die Grenadine und das restliche Öl untermischen.

ÖLE

Aromatisierte- und Gewürzöle sind beim Grillen das A und O der Aroma-Übertragung. Während des Grill-Vorganges lassen sich so mit einem Pinsel die verschiedensten Aromen auftragen und man verhindert gleichzeitig das Austrocknen des Grillgutes. Eine herrliche Alternative zu Grill-Marinaden, deren Gefahr darin liegt, dass oft durch zu langes Marinieren der Eigengeschmack überdeckt wird. Durch das Bepinseln mit Gewürzölen bleibt das Fleisch/der Fisch/das Gemüse im ursprünglichen Eigengeschmack erhalten, es kommt lediglich eine zusätzliche Aromatik mit hinein, die herrliche Kombinationen ergibt.

CHILI-MINZ-INGWERÖL

Vorbereiten:

300 ml	natives Olivenöl
1 El	gehackter Ingwer
3	gehackte, kleine rote Chilischoten
	frische Minze nach Belieben

Ingwer, Chili und Minze mit wenig Öl zu einer feinen Paste verarbeiten. Am besten geht das auf einem Schneidebrett mit einem Wiegemesser und zwar in einer Kombination von Schneiden und Zerdrücken. Dann mit dem restlichen Öl auf die gewünschte Intensität verdünnen.

Zum Aromatisieren

von Gemüse, Fisch, hellem Fleisch, eben überall dort, wo eine etwas intensivere Schärfe gepaart mit Frische erwünscht ist.

VANILLE-ÖL

Vorbereiten:

300 ml	Sonnenblumenöl
2	Vanilleschoten

Vanilleschoten der Länge nach halbieren und das Mark auskratzen. Öl auf ca. 70° Grad erhitzen, Schoten und Mark dazu geben. Gut verrühren und in eine Flasche oder Einmachglas füllen. Nach 2–3 Tagen erreicht es das volle Aroma.

Zum Aromatisieren

von Meeresfrüchten, Gemüse wie Auberginen-Lauchzwiebelgemüse und Couscous.

ZITRUS-ÖL

Vorbereiten:

300 ml	natives Olivenöl
2	unbehandelte Mandarinen, Zitronen, Limonen oder Orangen

Die Schalen der jeweiligen Zitrusfrüchte mit einem scharfen Messer hauchdünn abschälen. Auf jeden Fall sollte kein weißer Schalenanteil mehr daran haften. Dann in feinste Streifchen schneiden und im Öl ziehen lassen. Versuchen Sie, unbehandelte Zitrusfrüchte zu bekommen und waschen Sie diese vorher sorgfältig heiß ab.

Zum Aromatisieren

von Salaten und Fisch, aber auch Meeresfrüchte bekommen mit ein paar Tropfen einen fruchtig leichten Touch.

WACHOLDER-ROSMARIN-ÖL

Vorbereiten:

300 ml	Olivenöl
20 g	Wacholder
15 g	Rosmarin

Wacholder zerdrücken und mit etwas Öl fein hacken, das Öl verhindert, dass die Wacholderbeeren beim Hacken in alle Himmelsrichtungen zerstieben. Dann mit dem restlichen Öl vermischen. Rosmarin fein hacken und ebenfalls in das Öl einrühren.

Zum Aromatisieren

von gegrilltem Wild – wie die gegrillte Rehoberschale, aber auch Hirsch-Steaks oder Rehmedaillons können während des Grillens bepinselt werden.

SALATE

BLATTSALATE MIT BLAUSCHIMMELKÄSE, FEIGEN UND PICADA

Vorbereiten für 6 Portionen:

360 g	gewaschene und gezupfte Blattsalate
180 g	Blauschimmelkäse
4	frische Feigen
40 g	getrocknete Cranberries
80 ml	Africa-Dressing (siehe Seite 196)
100 g	Weißbrotwürfel
30 ml	Olivenöl
20 g	gestiftelte Mandeln
2 El	frisch gehackte Petersilie

Blattsalate, Blauschimmelkäsewürfel, Cranberries und in Spalten geschnittene Feigen mit Africa-Dressing marinieren und in einer großen Schüssel anrichten. Darauf achten, dass der schwerere Käse und die Feigen nicht komplett unter den Salat zu liegen kommen. Weißbrotwürfel in Olivenöl anrösten, Mandelstifte beigeben und nochmals kurz mitrösten und mit frischer Petersilie mischen. Diese Mischung über den fertig angerichteten Salat streuen.

Schmeckt perfekt

zu gegrilltem Lamm, Rind oder Huhn.

KARTOFFELSALAT

Schmeckt perfekt

zu Würsten und einfachen Fleischgerichten. Die Kalbsbratwurst mit scharfem Senf und Kartoffelsalat ist ein Klassiker.

Vorbereiten für 10 Portionen:

1,2 kg	Kartoffeln
1/2 Tl	Kümmel ganz
120 g	rote Zwiebeln (geschält und geschnitten)
150 ml	heiße Rindssuppe oder Gemüsefond
50 g	Senf
80 ml	Grund-Vinaigrette (siehe Seite 197)
50 ml	Sonnenblumenöl
	Salz, Pfeffer und eine Prise Zucker

Für einen perfekten Kartoffelsalat brauchen Sie die richtigen Kartoffeln. Festkochend sollten sie sein und eine satte gelbe Farbe haben. Kipfler sind genau richtig, allerdings etwas klein, das heißt, das Schälen macht richtig Arbeit. Die Kartoffeln werden in kräftigem Salzwasser mit etwas Kümmel gekocht. Der Einstich mit einem kleinen scharfen Messer soll mühelos sein, aber die Kartoffeln dürfen auf gar keinen Fall zu stark gekocht sein. Die Kartoffeln noch heiß schälen, in feine Scheiben schneiden und dann mit der heißen Suppe angießen. Senf, Grund-Vinaigrette, Öl, Salz, Pfeffer und Zucker beigeben und vorsichtig aber gründlich mischen. Am Schluss die Zwiebeln hinzufügen. Dazu die Zwiebel vierteln und mit einem scharfen Messer in feine Streifen schneiden.

ROTE RÜBEN MIT THYMIAN UND KREN

Schmeckt perfekt

zu Kalb, Huhn oder Pute.

Vorbereiten für 6 Portionen:

480 g	gekochte und geschälte rote Rüben
80 ml	kaltgepresstes Rapsöl
1 El	Thymianblätter
30 g	frisch gerissener Kren
1 El	Akazienhonig

Rote Rüben in dünne Scheiben schneiden. Mit Kren und Thymian bestreuen. Akazienhonig mit Rapsöl vermischen und damit die roten Rüben beträufeln.

COUSCOUS-SALAT MIT AUBERGINEN UND MINZE

Vorbereiten für 6 Portionen:

100 g	Dinkelbulgur
100 g	Couscous
350 ml	Geflügelbrühe
200 g	Auberginenwürfel
40 ml	Olivenöl
1 kl	Bund Minze
60 g	getrocknete Aprikosen
60 g	Softfeigen
1 Msp	Ingwerpulver
1 Msp	Cayennepfeffer
1 Msp	Curcuma
1 Msp	Kreuzkümmel
	Salz, frisch gemahlener Pfeffer
40 ml	Africa-Dressing (siehe Seite 196)
40 ml	Arganöl

Geflügelbrühe aufkochen und Dinkelbulgur und Couscous einrieseln. Dann die Hitze stark reduzieren und zugedeckt ausquellen lassen. Den Couscous auflockern und nochmals zugedeckt ausdampfen lassen. In der Zwischenzeit die Aprikosen fein würfeln, Minze in feine Streifen schneiden und die Softfeigen ebenfalls fein würfeln. Die Auberginenwürfel in einer Pfanne mit Olivenöl anbraten. Nun den Couscous mit Feigen-, Aprikosen- und Auberginenwürfel mischen, Minze, die Gewürze, Dressing und das Arganöl beigeben und vorsichtig mischen, damit der Couscous schön locker bleibt und nicht zusammenklumpt.

Auf knackigem leicht mariniertem Romanasalat anrichten oder heiß direkt als Beilage verwenden.

Schmeckt perfekt

zu gegrilltem Lamm mit Joghurt-Minze-Kreuzkümmeldipp, zu Rind oder hellem Geflügel.

WÜRZIGER GLASNUDELSALAT

Vorbereiten für 10 Portionen:

250 g	Glasnudeln (fein)
200 g	Lauchzwiebel
300 g	bunte Paprikastreifen
2 El	gehackter Koriander
1 kl	rote Chilischote
100 ml	Asia-Dressing (siehe Seite 196)
30 ml	Teryakisauce
1 El	schwarzer Sesam
100 g	frischer Ingwer
1	Limette

Schmeckt perfekt

zu Fisch, Meeresfrüchten wie Tigerprawns, Rocklobster, Kaisergranat oder Garnelenspießchen sowie Huhn und Pute.

Glasnudeln in kaltem Wasser einweichen. Dann eine Minute in kochendem Salzwasser abkochen und in Eiswasser abschrecken.

Lauchzwiebel putzen und in feine Ringe schneiden. Chilischote der Länge nach halbieren, Kerne entfernen und ganz fein schneiden. Den Ingwer schälen und in feine Streifen schneiden.

Die Limette heiß abwaschen und gut abreiben, dann die Limettenschale mit einem scharfen Messer abschneiden. Darauf achten, dass möglichst wenig weiße Schalenanteile mit abgeschnitten werden. In feine Streifen schneiden (so erhalten sie Limettenzesten). Dann die restliche (weiße) Schale abschneiden, die Limette längs vierteln und quer feinblättrig schneiden.

Glasnudeln abtropfen lassen, mit einem Messer zweimal durchschneiden, damit die Nudeln nicht allzu lang sind, dann mit den Lauchzwiebeln, Ingwer, Paprikastreifen, Chili und der Limette mischen, mit Asia Dressing und Teryakisauce marinieren. Vor dem Servieren mit frisch gehacktem Koriander und schwarzem Sesam bestreuen.

FENCHEL-ORANGENSALAT

Vorbereiten für 10 Portionen:

2	Fenchelknollen
2	Orangen
1 Bd	Kerbel
50 ml	Karibik-Dressing (siehe Seite 197)

Die grünen Stiele der Fenchelknolle abschneiden und dann die ganze Knolle quer mit dem Gemüsehobel so dünn wie möglich hobeln. Die dünnen Scheiben in Eiswasser legen. So werden sie ganz „crispy" und verbiegen sich hübsch. Der Salat sieht so noch attraktiver aus!

Die Orangenschale von einer Orange mit einem scharfen Messer so abschneiden, dass möglichst wenig von den weißen Schalenanteilen mit abgeschnitten wird. Dann in ganz feine Streifen schneiden. Nun werden beide Orangen mit einem Messer abgeschält. Dann die Filets sauber aus den Trennhäutchen schneiden - so erhalten Sie Fruchtfleisch pur. Nun den Fenchel in Schüsselchen schlichten, die Orangenfilets dazulegen, etwas von den fein geschnittenen Orangenschalen darüber streuen und mit reichlich gezupftem Kerbel garnieren. Unmittelbar vor dem Servieren mit dem Karibik-Dressing beträufeln.

Schmeckt perfekt

zu Fisch, Meeresfrüchten und Geflügel.

ROMANESCO-KERBELWURZELSALAT IN SAFRAN

Vorbereiten für 6 Portionen:

360 g	Romanasalat (geputzt und gewaschen)
6	Kerbelknollen
	einige Safranfäden
1 kl	Kopf Romanesco
1	Tamarillo
1 El	Erdnussöl
100 ml	Karibik-Dressing (siehe Seite 197)

Kerbelknollen schälen, längs in Spalten schneiden, in Safran-Salzwasser bissfest kochen. Den Romanesco in kleine Röschen zerteilen und in kräftigem Salzwasser ebenfalls knackig abkochen. Dann in Eiswasser abschrecken. Die Tamarillo mit einem scharfen Messer dünn abschälen und in Scheiben schneiden. Diese dann in Erdnussöl anbraten. Romanasalat in breite Streifen schneiden, mit Karibik-Dressing marinieren und die Kerbelwurzel, Romanesco-Röschen und Tamarilloscheiben schön darauf anrichten. Als Garnitur passt frischer Koriander oder Kerbel.

Schmeckt perfekt

zu Fisch, Meeresfrüchten, Hähnchenkeulen mit Mango-Senf-Glasur oder Stubenküken.

SELLERIE-ANANAS MIT WALNÜSSEN

Vorbereiten für 6 Portionen:

1	Sellerieknolle (ca. 400 g, geschält 300 g)
50 ml	Sauerrahm
80 ml	Grund-Mayonnaise (siehe Seite 174)
20 ml	Grund-Vinaigrette (siehe Seite 197)
100 g	Ananas-Würfel
40 g	Walnusskerne

Sellerie schälen und in möglichst feine Streifen schneiden. Die Streifen in Zitronenwasser geben und ca. 10 Minuten im Wasser lassen, damit sich die Selleriestreifen nicht verfärben. Nun gut abtropfen, mit Mayonnaise, Sauerrahm und Grund-Vinaigrette marinieren. Mit Salz, Pfeffer abschmecken und dann mit den Ananaswürfeln mischen.

Vor dem Servieren mit Walnusskernen garnieren.

Schmeckt perfekt

zu gegrilltem Wild und Rindfleisch.

ASIA-SALAT „YAM SON“

Vorbereiten für 6 Portionen:

360 g	geputzter und in grobe Streifen geschnittener Romanasalat
90 ml	Asia-Dressing (siehe Seite 196)
20 ml	Teriyaki-Sauce
180 g	Lauchzwiebelchen
240 g	Cherry-Tomaten
160 g	frische Mango
1	Limette
10 g	schwarzer Sesam
1 kl	Bund frischer Koriander
60 g	geröstete Erdnüsse

Schmeckt perfekt

als selbstständige Vorspeise oder zu gegrilltem Fisch oder Krustentieren.

Romanasalat in eine große Schüssel schlichten. Lauchzwiebel in feine Ringe schneiden, Cherry-Tomaten vierteln, Mango schälen und in Streifen schneiden. Die Limette heiß abwaschen und gut abreiben, dann die Limettenschale mit einem scharfen Messer abschneiden. Darauf achten, dass möglichst wenig weiße Schalenanteile mit abgeschnitten werden. In feine Streifen schneiden (so erhalten sie Limettenzesten). Dann die restliche (weiße) Schale abschneiden, die Limette längs vierteln und quer feinblättrig schneiden. Mango, Tomaten, Zesten, Limettenfruchtfleisch, Lauchzwiebel mit Asia-Dressing und Teriyakisauce marinieren und mit dem Romanasalat mischen. Dann die Korianderblätter auf den Salat zupfen und mit Erdnüssen und schwarzem Sesam bestreut servieren.

DRESSINGS

AFRICA-DRESSING
warm, würzig, süß

Vorbereiten für 6–8 Salate:

80 ml	Erdnussöl
30 ml	Arganöl
20 ml	Limettensaft
20 ml	Weißweinessig
1 g	Salz
1 El	Akazienhonig
	ein Hauch arabische Gewürzmischung
	(Kreuzkümmel, Nelken, Pfeffer, Zimt)

Alle Zutaten in der Küchenmaschine ca. 10 Minuten auf kleiner Stufe sorgfältig verrühren. Die arabische Gewürzmischung kann durch ganz vorsichtige Zugabe der jeweiligen Gewürze ersetzt werden. Aber bitte wirklich minimal dosieren.

Schmeckt perfekt

mit afrikanisch abstammenden Salaten wie Couscous-Salat mit Auberginen und Minze, Blattsalate mit Blauschimmelkäse, Feigen und Picada.

ASIA-DRESSING
klassisch Asia mit Soja und Wasabi

Vorbereiten für 6–8 Salate:

15 ml	Gemüsefond
10 ml	Soja-Sauce
$\frac{1}{2}$	Zitrone
60 ml	Erdnussöl
1 g	Salz
	Ingwerpulver
	wenig Wasabi-Pulver
	wenig fein gehackter Knoblauch

Mit einem scharfen Messer etwas von der Zitronenschale abschneiden mit möglichst wenig weißen Schalenanteilen. Diese dann fein hacken. Gemüsefond, Sojasauce, Saft einer halben Zitrone, Erdnussöl, Salz, Ingwerpulver und etwas Knoblauch gut vermischen. 10 Minuten stehen lassen und dann nochmals mit etwas zuvor in Wasser aufgelöstem Wasabipulver kräftig durchrühren.

Schmeckt perfekt

mit Gemüse-Rohkostsalaten aus fein geschnittenen Frühlingszwiebeln, dünn gehobeltem Fenchel, Karottenbänder (längs mit einem scharfen Gemüsehobel hergestellt), weißem Rettich und Paprikastücken. Aber auch zur Indochinen Küche ein Muss.

KARIBIK-DRESSING
leicht, fruchtig, frisch

Vorbereiten für 6–8 Salate:

10 ml	Gemüsefond
10 ml	Limettensaft
10 ml	Zitronensaft
	Schale von 1/2 Limette
60 ml	Erdnussöl
40 g	exotische Früchte (entweder Tamarillo, Ananas, Mango oder Papaya; Sie können durchaus auch mischen.)
2 g	Salz
	Ingwerpulver
	wenig Cayennepfeffer

Das Salz im Gemüsefond zusammen mit dem Limettensaft auflösen, anschließend das Öl unter kräftigem Schlagen einrühren. Die Schale der Limette mit einem scharfen Messer möglichst dünn und ohne weiße Schalenanteile abschneiden, feinst würfeln. Den geschälten Ingwer ebenfalls so fein wie möglich schneiden und beides zusammen in das Dressing rühren. 15 Minuten kühl stellen. Früchte (jeweils eine Sorte oder aber auch eine Kombination aus verschiedenen Früchten) schälen und im Mixer mit dem Dressing pürieren. Dieses Dressing entfaltet sofort sein volles Aroma.

Schmeckt perfekt

mit herrlich erfrischenden Salaten mit Früchten wie Romanesco-Kerbelwurzel, „Yam Son" oder Fenchel-Orange.

MEDITERRANES DRESSING
Ohne Kräuter als Grund-Vinaigrette

Vorbereiten für 6–8 Salate:

60 ml	mildes Olivenöl
15 ml	Rotweinessig
10 ml	Sherry-Essig
20 ml	Rotwein
2,5 g	Salz
4 g	Zucker
10 ml	Wasser
	wenig frisch gehackte Kräuter (Basilikum, Rosmarin, Thymian)

Alle Zutaten in der Küchenmaschine ca. 10 Minuten auf kleiner Stufe sorgfältig verrühren. Die frisch gehackten Kräuter erst unmittelbar vor dem Servieren beigeben oder noch besser über den jeweiligen Salat streuen und dann erst marinieren.

Schmeckt perfekt

mit allen (mediterranen) Gemüsesorten und Blattsalaten! Ich verwende dieses Dressing ohne die Kräuter als Grund-Vinaigrette für Feldsalat und Kartoffelsalat.

OBST, DESSERTS

PAPAYA MIT KOKOS, KUMQUATSSALAT UND TONKA-BOHNEN CREME BRULÉE

Vorbereiten für 6 Portionen:

1	reife aber noch etwas feste Papaya
50 g	Kokosflocken

Für die Crème Brulée:

400 ml	Sahne
200 ml	Milch
100 g	Zucker
5	Dotter
1 El	Tonka-Bohnen

Für die marinierten Kumquats:

500 g	Kumquats
100 ml	Weißwein
200 ml	Orangensaft
200 ml	Wasser
150 g	Zucker
	Sternanis, Zimt, Nelken, Vanille

Papaya halbieren, mit einem Löffel die Kerne aushöhlen und dann die Schalen dünn abschneiden. In 2–3 mm dicke Scheiben schneiden und in Kokosflocken wenden. Bei milder Glut und mittlerem Rostabstand auf jeder Seite 2 Minuten grillen. Kumquats in nicht zu dünne Scheiben schneiden, mit Orangensaft, Weißwein, Wasser, Zucker und den Gewürzen aufkochen und dann auf kleiner Flamme auf die Hälfte des Saftes einkochen lassen. Dotter mit einem Drittel des Zuckers glatt rühren. Milch, Sahne, den restlichen Zucker und einen El leicht zerklopfte Tonka-Bohnen aufkochen, mit der Eidottermasse vermischen und so lange ziehen lassen, bis die Tonka-Bohnen die entsprechende Menge Aroma abgegeben haben. Dann absieben, den Schaum abschöpfen und in Förmchen füllen. Im Wasserbad bei 110° Ofen-Temperatur 35–40 Minuten stocken lassen oder im Steamer bei 94° rund 10 Minuten. Dann im Kühlschrank auskühlen lassen, mit braunem Zucker bestreuen und mit dem Bunsenbrenner abflämmen, bis sich eine schöne Karamellschicht gebildet hat.

Schmeckt perfekt

mit Vanilleeis oder Grand-Marnier-Parfait.

BRATAPFEL MIT MACADAMIA-NÜSSEN UND ZIMTSAHNE

Vorbereiten für 6 Portionen:

6	schöne säuerliche Äpfel
80 g	Macadamia-Nüsse
1	Orange
20 g	Puderzucker
60 g	Rohmarzipan
300 ml	Sahne
1 Tl	Zimt
30 g	Zucker

Äpfel waschen und trocken reiben. Mit einem Apfelausstecher das Kerngehäuse entfernen. Dann im Küchenmixer fein geriebene Orangenschale, Puderzucker, Macadamia-Nüsse und Rohmarzipan mixen. Diese Masse in die vorbereiteten Äpfel streichen und diese dann von allen Seiten gleichmäßig grillen. Bei mittlerer Hitze und einem mittleren Rostabstand dauert das so ca. 15 Minuten.

Für die Zimtsahne schlagen Sie Sahne fast steif, dann Zimt und Zucker einrieseln und nochmals kurz durchmixen.

OUTDOOR-BANANEN

Vorbereiten für 6 Portionen:

6	Bananen
1	Tafel (100 g) Schokolade

Die Bananen der Länge nach aufschlitzen, mit Schokostückchen füllen, zudrücken und so lange grillen, bis die Schokolade zu schmelzen beginnt. Ein perfekter Grill-Snack auch bei sehr begrenzten Möglichkeiten. Vor allem für Kinder ein großer Spaß und Genuss!

Schmeckt perfekt

mit Vanilleeis und gerösteten Mandeln.

ANANAS-VANILLESPIESS MIT ORANGEN-AMARETTOSAUCE

Vorbereiten für 6 Portionen:

1	Ananas
3	Vanilleschoten
750 ml	Orangensaft, passiert
180 g	Zucker
40 ml	Amaretto

Für das Kokos-Sorbet:

600 ml	Kokosmilch
100 ml	Batida de Coco
150 g	Zucker
200 ml	Milch

Schmeckt perfekt

mit frischem Vanilleeis.

Ananas mit einem scharfen Messer abschälen. Der Länge nach halbieren, vierteln und dann das holzige Mark entfernen. Nun diese vier länglichen Stücke quer in ca. 2 cm dicke Scheiben schneiden. Mit einem Metallspieß vor stechen. Vanilleschoten längs halbieren, das Mark ausstreifen und dann jeweils 3 Ananasstücke mit je einer halben Vanilleschote aufspießen. Diese auf den Grill bei mittlerer Hitze legen und so lange grillen, bis die Ananasstücke eine leicht bräunliche Färbung angenommen haben. Dann auf einer vorgewärmten Platte anrichten und mit der Orangen-Amarettosauce überziehen.

Dazu Orangensaft mit Zucker und dem zuvor ausgestreiften Vanillemark zu einer sirupähnlichen Konsistenz einkochen. Amaretto zugießen, weiter reduzieren, bis die Flüssigkeit wie ein dünner Honig ist.

Für das Kokos-Sorbet alle Zutaten mischen und in der Sorbetiere zu cremiger Konsistenz abfrieren.

Ich widme dieses Buch meiner Tochter Raphaela, die mich mit ihrer Lebendigkeit und Fröhlichkeit immer wieder aufs Neue inspiriert.

Mein besonderer Dank gilt meiner ganzen Familie, meinen Freunden und all jenen Menschen, die mir auf meinem Lebensweg neue Blickwinkel eröffnet haben.

Ebenso möchte ich meinen Dank an mein Team aussprechen, das besonders in Zeiten einer Buchproduktion außergewöhnlichen Belastungen ausgesetzt war und diese immer vorbildlich meisterte. Allen voran Marianne Nußbaumer, Michael Schäfer, Sheila Kvasznicza und Benjamin Meyer.

Für die großzügige Unterstützung bedanke ich mich bei Daniele Cacciari und allen Mitarbeitern des Weingutes Ampeleia, die uns in großzügiger Gastfreundschaft herrliche Stimmungsbilder in der Maremma ermöglicht haben. Weiters bedanke ich mich bei der Brauerei Fohrenburger für Informationen und Bildmaterial im Kapitel Bier sowie bei Christian Madlener vom Grill-Shop in Dornbirn, sein Fachwissen sucht seinesgleichen. Danke auch für Bildmaterial und Informationen rund um Griller, Zubehör und Trends. Danke an Del Fabro Weine vertreten durch Josef M. Schuster für die Vorselektion und Bemusterung von vielen der besten Weine Österreichs.

Herzlichen Dank an Konstanze und Bernhard Borovansky vom Lesethek Verlag,
Gernot Reiter von ad work, Michael-Kurt Westermann, Walter Tucek für die inspirierende, herausfordernde und professionelle Zusammenarbeit.

Heino Huber